Stefano Zarrella

UNGLAUBLICH LECKER

Community EDITIONS

FREUNDE,

vor euch liegt mein erstes Kochbuch!

Mein erstes Kochbuch ist superwichtig und emotional für mich. Ein Kochbuch ist für einen Koch wie das Album für einen Musiker. Es ist die Sammlung der eigenen Kreationen und Erfahrungen. Meine Mama hat über die Jahre viele Kochbücher gesammelt. Bald ist eines dieser Bücher von mir. Das ist ein unbeschreiblich schönes Gefühl. Es steckt so viel Liebe und Arbeit drin (ich bin halt sehr perfektionistisch 😉), ebenso wie in den Videos – und vor allem ist es auch eine Familiensache, denn ohne meine Eltern und Geschwister wäre ich nie zum Kochen gekommen.

Dieses Buch soll für euch ein Push sein, euch einfach mal ans Kochen ranzutrauen, so wie ich das mache. Hört im wahrsten Sinne des Wortes auf euer Bauchgefühl und glaubt an eure Fähigkeiten. So viele von euch haben mir schon geschrieben, dass sie durch meine Videos endlich angefangen haben, selbst zu kochen, und dass es ihnen wohl doch nicht so schwer gefallen ist, wie anfangs gedacht. 😉 Das freut mich mega, und ich hoffe, mit diesem Buch geht es weiter.
Und jetzt wünsche ich euch ganz viel Spaß mit meinem ersten Kochbuch. Ich hoffe, es gefällt euch!

ESSEN & ICH

Zu meinen frühesten Erinnerungen ans Essen gehört, dass Mama hochruft: »Essen ist fertig« – und jeder von uns wusste: Wenn wir zu spät kommen, dann gibt's Ärger. Denn meiner Mama war es sehr wichtig, dass wir abends alle zusammen essen. Das war der Moment, in dem wir uns darüber unterhalten haben, was gerade ansteht und welche Themen uns auf dem Herzen liegen. Also quasi das tägliche Familienmeeting. Meine Mama hat es geliebt (und liebt es immer noch), uns mit gutem Essen zu verwöhnen.

WIE ICH ZUM KOCHEN KAM

Als Kind habe ich noch nicht wirklich mitgekocht, da hatte meine Mama alles fest in der Hand. Erst als ich 2011 nach Köln umgezogen bin und mich intensiver mit Fitness und Ernährung beschäftigt habe, habe ich auch angefangen, ab und an selbst zu kochen – vor allem gesund, viel Low Carb und Fitnessküche. Tja, und dann kam Corona, ich habe viel Zeit zu Hause im Homeoffice verbracht und bin so richtig ins Thema Kochen eingestiegen. Erste Anlaufstelle für mich war natürlich meine Mama. Ich habe aber nicht einfach zu ihr gesagt: »Hey, bring mir das bei!« Stattdessen habe ich an Sonntagen oder Feiertagen, wenn ich zu Hause war, viel zugeschaut und nachgefragt. So habe ich mir die Basics abgeguckt – zum Beispiel, wie man eine leckere Tomatensauce ansetzt – und dann meinen eigenen Stil daraus entwickelt. Wenn man die Basics kennt, kann man ganz einfach darauf aufbauen und alles kochen!

MEIN LIEBLINGSESSEN

Es gibt ein Gericht, das habe ich schon als Kind geliebt und liebe es noch heute. Das sind kleine Nudeln mit einem Löchlein drin (wie Maccaroni, nur kleiner) mit Erbsen und Ei. Es nennt sich Pasta e piselli. Dieses Gericht ist unglaublich lecker und für mich mit sehr vielen Erinnerungen verbunden. Generell mag ich natürlich die italienische Küche, weil man ganz einfach und mit wenigen Zutaten superleckere Gerichte zaubern kann. Die Saucen brauchen manchmal ein wenig Zeit zum Köcheln, aber ansonsten geht es meist sehr schnell. Wie mein Papa Bruno stehe ich mehr auf salzige, deftige Sachen und probiere mich gern durch alle Länderküchen. Meine Mama ist da anders, sie isst lieber das, was sie schon kennt. Was ich gar nicht mag: zu fettiges Essen, Lakritz und glitschige Austern …

ESSEN IN DER FAMILIE

Spaß beim Kochen ist uns allen wichtig. Deshalb stehe ich so oft mit meiner Familie in der Küche, es erfüllt mich. Im Alltag muss es natürlich manchmal schnell gehen, damit es in den Zeitplan passt. Aber wenn dann alle zusammenkommen, dann dauert das auch gern mal mehrere Stunden. Wir haben viel zu quatschen und überziehen das Familienmeeting oft ordentlich. Dieses gemeinsame Essen, das Treffen in großer Familienrunde, ist mir immer noch genauso wichtig wie früher, auch wenn es jetzt nicht mehr jeden Sonntag stattfindet. Mir haben viele von euch geschrieben, dass sie durch meine Rezepte mehr Spaß am Kochen haben und somit mehr Zeit mit der Familie verbringen. Das geht mir sehr nahe, da es mir mit diesem Kochbuch besonders wichtig ist, Familien zu verbinden.

KÜCHENBASICS

Mit wenig Aufwand viel erreichen – dieses Motto gilt auch für die Küchenausstattung. Ich habe selbst in einer sehr kleinen Küche angefangen und hatte deshalb kaum Küchengeräte. Aber mit ein paar Basics könnt ihr alle meine Rezepte problemlos nachkochen.

BASICS KÜCHENGERÄTE

- Pürierstab oder Mixer: mein absolutes Lieblingsteil in der Küche! Damit kann man Pesto zubereiten, Saucen pürieren, Smoothies mixen, Eismasse herstellen ... Ihr braucht nur einen Pürierstab oder Mixer, nicht beides. Denn im Prinzip können sie alle dasselbe, und man braucht keinen großen Fuhrpark.
- 2–3 Töpfe in unterschiedlicher Größe
- 2 Pfannen in unterschiedlicher Größe, am besten beschichtet
- 2–3 Schüsseln in unterschiedlicher Größe, aus Porzellan oder Plastik
- Herd mit Backofen
- elektrisches Handrührgerät
- Kleingeräte wie Schneebesen, Kochlöffel aus Holz, Schöpfkelle, Pfannenwender, Knoblauchpresse
- 1 großes Sieb
- 1 gutes Küchenmesser zum Schälen und Schnibbeln von Gemüse
- 1 großes Kochmesser zum Schneiden von Fleisch und größeren Mengen Gemüse/Obst
- 1 Brotmesser

- 1 Schneidebrett
- 1 Messbecher
- 1 Mehrzweckreibe für Käse, Gemüsestreifen, Schokoraspel …
- 1 Küchenwaage
- 1 Auflaufform
- 1 Springform Ø 20 cm (Es gehen auch Ø 18 oder 26 cm. Dann müsst ihr zwar die Mengen ein wenig umrechnen, aber da gibt es viele Tabellen im Internet, die euch dabei helfen können. Das mache ich genauso. 😉)

BASICS VORRÄTE

- Mehl (Type 405)
- Zwiebeln
- Knoblauch
- gutes Olivenöl, kaltgepresst
- Pasta in unterschiedlichen Formen (nehmt, was euch am besten schmeckt)
- passierte Tomaten
- ein bisschen Gemüse, das kann man gut ein paar Tage im Gemüsefach des Kühlschranks lagern
- Kräuter(-Mischung) zum Würzen, getrocknet oder tiefgekühlt, z. B. 6-Kräuter-Mischung oder Kräuter der Provence oder italienische Kräuter (Oregano, Thymian, Basilikum)
- Salz, Pfeffer, Chiliflocken

Mit diesen Zutaten funktioniert es einfach immer: eine schnelle Sauce, One-Pot-Pasta, Ofengemüse … Ich habe selbst auch nur einen kleinen Kühlschrank und koche sehr gerne nach Gefühl. Es kommt nur sehr selten vor, wenn ich wirklich was Besonderes kochen will, dass ich gezielt und mit Plan einkaufe. Ansonsten zaubere ich am liebsten etwas aus den Dingen, die ich zu Hause habe. Improvisation ist alles. Habt keine Scheu, dass es nicht schmecken könnte!

KOCHEN IST EASY!

Alles hat begonnen, als ich wegen des Lockdowns im Homeoffice war und mittags schnell was Gutes essen wollte. Da ich nicht zu den geduldigsten Menschen der Welt gehöre (vor allem, wenn ich Hunger habe), liebe ich schnelle, einfache Gerichte. Wenn sie dann noch schmecken, freue ich mich umso mehr, da ich in meiner einstündigen Mittagspause nicht nur essen, sondern auch filmen wollte. Also habe ich überlegt, was schnell geht, satt macht und auch noch gesund ist. Gleichzeitig koche ich trotzdem mit Liebe – nur eben nicht den halben Tag.

PASTA ZUM START!

Pasta ist dafür perfekt. Auf Pasta hat man einfach direkt Lust, sie geht schnell und man kann die Rezepte meist flexibel abwandeln, zum Beispiel mit saisonalem Gemüse. Ich glaube, das ist auch der Grund, warum die Pastarezepte bei euch am besten ankommen! Außerdem kann man auch als Anfänger damit kaum was falsch machen. Es sei denn, ihr kocht die Nudeln zu weich, ein absolutes No-Go! 😉 (Außer natürlich, ihr mögt zu weiche Nudeln, dann gönnt euch.)

MEINE TIPPS FÜR EINE GUTE PASTA

- Pasta ca. 8 Minuten kochen (auf die Packungsangabe achten – es kommt auf die Sorte an), um sie al dente zu bekommen; 6–7 Minuten reichen, wenn die Pasta in einer Sauce noch ein wenig nachgart.
- Salz gleich am Anfang ins Kochwasser! Pasta nicht erst nach dem Kochen oder gar nicht salzen!
- Dass man Pasta nicht mit kaltem Wasser abschrecken soll, habe ich früh von meiner Mama gelernt. Ihr wascht nämlich sonst den Stärkefilm von der Pasta. Wenn der weg ist, hält die Sauce nicht mehr.
- Typisches Problem: Die Pasta ist schon gekocht, man arbeitet aber noch an der Sauce ... und schon klebt die Pasta aneinander. Keine Panik, und vor allem nicht versuchen, die einzelnen Nudeln mit Öl oder Wasser zu lösen! Die Pasta in die fertige Sauce geben und vorsichtig vermengen, dann lösen sich die verklebten Klumpen wieder auf.

MEINE TIPPS FÜR EINE LECKERE SAUCE

- Eine gute Grundlage sind immer Knoblauch- und Zwiebelwürfel, die in Olivenöl angebraten werden. Dann geht's weiter, indem man zum Beispiel Hackfleisch und/oder eine Tomatensauce zugibt oder Gemüse anbrät.

- Traut euch was, auch bei den Gewürzen: Natürlich streut man Salz nicht esslöffelweise rein, das wäre ja auch langweilig. Aber Geschmack soll ein Gericht ja schon bekommen, also seid ruhig mal ein bisschen großzügiger mit getrockneten Kräutern oder Chiliflocken.

- Sollte doch mal etwas zu scharf oder nicht ganz nach eurem Geschmack sein, kann man das meist easy ausgleichen, zum Beispiel mit etwas mehr Flüssigkeit, einem Schuss Sahne oder einer Prise Zucker.

- Ihr habt zu wenig Sauce? Dann gebt ein bisschen von dem Pastawasser dazu, die Stärke bindet die Sauce und streckt sie trotzdem.

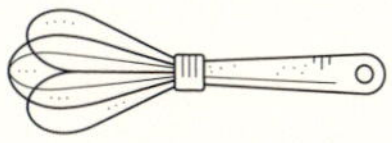

FRISCHE ZUTATEN

Generell ist mir für meine Rezepte wichtig, dass sie lecker und möglichst einfach sind und natürlich mit frischen Zutaten gekocht werden. Das ist weniger aufwendig, als viele denken, ihr werdet schon sehen! Ich liebe es, vor allem auch saisonal zu kochen, zum Beispiel mit Erdbeeren und Spargel im Frühjahr, Kürbissen zur Herbst- und Halloweenzeit, Zimt und Äpfeln zur Weihnachtszeit … Am einfachsten ist es natürlich, ihr nehmt das, was ihr am liebsten mögt oder was eben gerade noch im Kühlschrank ist.

Viele Rezepte sehen cool aus, sind in der Umsetzung aber etwas kompliziert, da sie viele und alltagsunübliche Zutaten haben. Ich habe dann immer Zutaten gestrichen, damit es nicht zu umfangreich wurde, abgefahrene Zutaten ausgetauscht und alles an meinen Geschmack und meinen Kochstil angepasst. Tastet euch langsam an die Sache ran, traut euch, auch mal etwas wegzulassen. Mit der Zeit findet ihr schon raus, was funktioniert oder was eben auch nicht. Am Ende ist wichtig, dass es schmeckt – euch schmeckt!

TRAUT EUCH!

Mein Motto ist: Abwandeln ist kein Thema. Haltet euch nicht zu strikt ans Rezept, kocht entspannt! Meine Mama sagt immer, dass man beim Kochen keinen Druck haben sollte. Geht einfach locker ran. Gerade beim Kochen kann man viel ausgleichen. Anders sieht die Sache beim Backen aus, das ist etwas schwieriger: Wenn ihr da zu viel oder zu wenig von einer Zutat nehmt, kann gleich das ganze Rezept misslingen. Aber auch hier hilft es, entspannt zu bleiben und sich einfach ranzutrauen. Je öfter man es macht, desto einfacher wird's.

VOM REZEPT ABWEICHEN

Ich bin ja immer unter Strom und habe wenig Geduld für langes Kochen, und so habe ich schnell gemerkt: Ich musste von dem Gedanken wegkommen, dass nur das, was in Kochbüchern steht, richtig ist. Klar hilft es, wenn einem jemand den Weg zeigt, wenn man sich ans Rezept hält – aber so entwickelt man sich meiner Meinung nach nicht weiter. Wenn ihr auch mal ein bisschen vom Weg abweicht, neue, eigene Methoden entwickelt, etwas alleine probiert, ja, auch mal einen Fehler macht ... dann verbessert ihr euch und lernt was daraus, weil ihr euer eigenes Ding geschaffen habt. Das schmeckt am Ende bestenfalls *unglaublich lecker*, und ihr könnt außerdem stolz auf das sein, was ihr erreicht habt. Ich finde, das ist immer ein mega Gefühl. Bei mir war das zum Beispiel mit den One-Pot-Gerichten so: Die kannte man noch nicht wirklich zu dem Zeitpunkt. Ich hatte auf TikTok ein paar Videos gesehen und mich dann einfach mal an einer eigenen Kreation versucht. Jetzt gehören die One-Pot-Gerichte fest zu meinem Alltag und ich könnte sie mir nicht mehr wegdenken.

IMPROVISIEREN ERLAUBT

Wenn ihr meine Rezepte nachkocht und merkt, dass es anders besser schmeckt, lasst es mich sofort wissen! ☺ Schließlich lernen wir alle voneinander.

Ihr habt eine Zutat nicht – lasst sie weg (außer es ist Pasta 😉).

Ihr habt eine vergleichbare Zutat – probiert aus, wie es damit funktioniert.

Ihr habt etwas ganz anderes – testet auch das einfach mal aus und habt keine Angst vor dem Ergebnis. Ich habe zum Beispiel Avocado-Pasta nirgends als Rezept gesehen, aber zerdrückte Avocado schmeckt mir an sich schon gut, also habe ich sie einfach mit Pasta probiert – und es war ein guter Versuch!

Ich finde, wenn man Dinge kombiniert, die man eh schon gern mag, kann nur etwas Gutes dabei herauskommen. Was immer geht: Butter, Sahne, Burrata oder Mozzarella – wenn man das in ein Gericht gibt, schmeckt eigentlich alles gut!

JEDER HERD IST ANDERS

So ist es nun mal – jedes Gerät reagiert ein bisschen anders, auf dem einen Herd wird das Gericht schneller heiß, in dem einen Backofen verteilt sich die Hitze gleichmäßiger als im anderen, vielleicht hat ein Ofen keine Umluftfunktion oder keinen Grill. Alleine wenn wir bei meiner Mama backen, wird es anders als bei mir zu Hause.

Also noch mal, auch von der technischen Seite: Haltet euch nicht strikt an ein Buch (auch nicht an dieses 😉), das euren Herd nicht kennt. Achtet lieber darauf, wie eure Sauce aussieht, wie sie schmeckt, wie sie sich rühren lässt: Gefällt sie euch persönlich so? Dann ist sie perfekt!

Am Ende des Tages zählt nur: Hat es euch geschmeckt? Seid ihr glücklich? Dann ist alles völlig egal, ob das Essen 1:1 so ausgesehen hat wie auf einem Foto. Nehmt einfach alles, was nötig ist, damit ihr zufrieden seid, und lasst weg, was euch nicht schmeckt.

VERTRAUT AUF EUCH:

Ist der Teig ein wenig zu klebrig, gebt ein wenig Mehl hinzu, bis euch die Konsistenz gut erscheint. Ist euch die Käsekuchenmasse noch nicht süß genug, dann gebt noch etwas Süßungsmittel dazu.

UNGLAUBLICH ITALIENISCH

DIE KLASSIKER

Italien ist mein Herz und meine Seele. Die Klassiker, die meine Mama und mein Papa mit nach Deutschland gebracht haben, sind für mich ein großer Teil meiner Familie – sie bringen uns jeden Tag zusammen, und ich verbinde mit ihnen großartige Erinnerungen. Außerdem sind die meisten Rezepte wirklich easy und brauchen nur ein paar Zutaten für einen unglaublich guten Geschmack!

mamma mia

Vim ex nil
phaedrum

PIZZA À LA ZARRELLA

DAS ORIGINAL

Für 6–8 Pizzen
ca. 20–30 Min.
+ 7–8 Std. Gehzeit
+ ca. 6–12 Min. Backzeit

1 Würfel frische Hefe (42 g)
800 g Mehl
200 ml Olivenöl
2 EL Salz

BELAG
alles, was du magst

1 Du zerkrümelst die Hefe und gibst sie in eine Schüssel mit 500 ml laurwarmem Wasser. Rühre um, bis sich die Hefe aufgelöst hat.

2 Jetzt fügst du Mehl, Olivenöl und Salz hinzu. Verknete alles mit den Knethaken des Handrührgeräts oder von Hand, bis ein glatter Teig entsteht.

3 Aus dem Teig formst du tischtennisballgroße Kugeln. Deck sie mit einem Tuch ab und lass sie im Kühlschrank 7–8 Stunden gehen.

4 Heize den Backofen auf der höchsten Stufe vor. Aus den Teigkugeln rollst du Pizzaböden in der gewünschten Größe aus und belegst sie mit allem, was du gerade magst und da hast. Kurz bevor du fertig bist, etwa 5 Minuten bevor die Pizza in den Ofen kommt, schaltest du die Grillstufe deines Backofens ein. Schieb nun die Pizzen der Reihe nach in den Ofen. Sie sind nach etwa 6–12 Minuten fertig – das hängt von der Temperatur deines Ofens und dem gewünschten Bräunungsgrad der Pizza ab.

Buon appetito!

Freunde, das hier ist nicht irgendeine Pizza, sondern die Pizza, mit der meine Eltern ihr Restaurant in Deutschland eröffnet haben. Dieses Rezept ist 50 Jahre alt und sie haben es aus Italien mitgebracht und all ihre Hoffnungen darauf gesetzt, dass »ihre« Pizza ihnen in Deutschland Glück und Erfolg bringt. Darum bedeutet es der ganzen Familie so viel. Und genau deshalb war es auch mein erstes Rezept-Video – und jetzt ist es das erste Rezept in diesem Buch.

WODKAPASTA

JA, PASTA MIT WODKA!

Für 2 Personen
ca. 20 Min.

200 g Pasta
1 kleine Schalotte
2 Knoblauchzehen
2 EL Olivenöl
2 TL Tomatenmark
1 Schuss Wodka
80 g Sahne (z. B. Cremefine)
½ TL Chiliflocken
1 Prise Zucker
Salz
Pfeffer
1 EL Butter
Parmesan, frisch gerieben

1 Koche die Pasta nach Packungsangabe. Wichtig: Fange beim Abgießen etwas Pastawasser auf, das du in einer Schüssel oder einem separaten Topf zur Seite stellst.

2 Während die Pasta kocht, schälst du die Schalotte und die Knoblauchzehen und schneidest alles in kleine Würfel. Erhitze anschließend das Olivenöl in einer Pfanne bei mittlerer Hitze und brate Schalotte und Knoblauch an, bis die Schalotte glasig ist. Der Knoblauch darf nicht braun werden! Auch das Tomatenmark kommt jetzt dazu.

3 Rühre gut um, gib dann den Wodka hinzu und lass alles kurz aufkochen. Gieß die Sahne in die Pfanne, würze mit Chiliflocken, Zucker, Salz und Pfeffer, rühre wieder um und lass die Sauce ein wenig einkochen.

4 Die fertige Pasta kannst du dann abgießen. Mische die Pasta direkt unter die Sauce zusammen mit der Butter, damit die Sauce schön cremig wird. Gib etwas Pastawasser hinzu, bis das Gericht die Konsistenz hat, die du gerne magst. Zum Schluss reibst du reichlich Parmesan drüber – und fertig.

Auch ohne Wodka mega-megalecker!

Keine Sorge 😉: Der Wodka verkocht zu einem sehr großen Teil und ihr werdet davon nicht betrunken. Dieses Gericht gehört definitiv zu meinen Lieblingspastas, und deswegen war es auch eines der ersten, die ich auf TikTok gemacht habe. Spicy, würzig und sooo schön cremig. Wodkapasta war übrigens in den 1980ern ein total angesagtes italienisch-amerikanisches Kultgericht und wurde jetzt durch Top-Model Gigi Hadid wieder gehypt.

WEISSE BOLOGNESE

OHNE TOMATEN

Für 2 Personen
ca. 2 Std.

2–3 Stangen Staudensellerie
3–4 Karotten
2 Zwiebeln
2–3 EL Olivenöl
500 g Hackfleisch (Kalb)
Salz
Pfeffer
1 Schuss Weißwein
500 ml Gemüsebrühe
200 g Pasta
100 g Sahne
2–3 EL Parmesan, frisch gerieben

1 Zuerst geht's ans Gemüse: Schneide die Selleriestangen in kleine Würfel, schäle die Karotten und Zwiebeln und würfele sie ebenfalls.

2 Erhitze in einem großen Topf das Olivenöl und brate das Gemüse darin an, bis es ein bisschen Farbe annimmt. Gib das Hackfleisch dazu, das wird ebenfalls angebraten, bis es krümelig ist. Würze mit Salz und Pfeffer, lösche das Ganze mit einem Schuss Weißwein ab und gieße die Gemüsebrühe hinzu. Die Sauce muss jetzt 1–2 Stunden bei kleiner bis mittlerer Hitze köcheln, damit sich alle Aromen schön verbinden. Ab und zu rührst du die Sauce mal um.

3 Zum Schluss kochst du die Pasta, gießt sie ab und gibst sie zusammen mit der Sahne und dem Parmesan zu der Sauce in den Topf. Alles gut vermischen. Zum Schluss reibst du reichlich Parmesan drüber – und fertig!

Die weiße Bolognese war im Restaurant meiner Eltern tatsächlich die erfolgreichste Pastasauce. Wahrscheinlich deshalb, weil sich keiner so recht was darunter vorstellen konnte: Bolognese ohne Tomaten? Geht ja gar nicht, oder? Die Leute waren einfach neugierig. Der Geschmack hat sie dann schnell überzeugt – und euch bestimmt auch, traut euch ran.

1914 AM

SPAGHETTI CARBONARA

NUR ECHT OHNE SAHNE!

Für 2 Personen
ca. 20 Min.

250 g Spaghetti
180 g Guanciale oder Pancetta (durchwachsener Speck)
6 Eigelb
60 g Pecorino Romano oder Parmesan, frisch gerieben
Salz
Pfeffer

1 Setze das Nudelwasser auf und koche die Pasta nach Packungsangabe.

2 Kurz bevor die Nudeln fertig sind, schneidest du den Speck in Würfel und brätst ihn in einer beschichteten Pfanne ohne weiteres Fett an.

3 Während der Speck brät, gibst du die Eigelbe in eine kleine Schüssel und verrührst sie mit dem geriebenen Käse, Salz und Pfeffer, bis eine sämige Masse entsteht.

4 Jetzt muss es schnell gehen: Beim Abgießen der Pasta fängst du etwas Kochwasser auf. Gib den Speck aus der Pfanne auf einen Teller, stelle den Herd gaaanz niedrig und setze die Pfanne zurück auf die noch warme Kochplatte. Gib Pasta und etwas Pastawasser in die Pfanne, gieße die verquirlte Eigelb-Käse-Masse dazu und füge den Speck ebenfalls wieder hinzu. Alle Zutaten vorsichtig vermischen, die Pfanne darf nicht zu heiß sein! Wenn du die Pasta singen hörst (sie zischt nämlich), dann hast du alles richtig gemacht. Alles, was du jetzt noch tun musst, ist GENIESSEN! ☺

Ganz ehrlich: Carbonara hat so ihre Tücken. Das war das erste Rezept, das ich für Romina in der neuen Wohnung gekocht habe – und es war leider eher Rührei mit Spaghetti als cremige Carbonara, weil die Pfanne zu heiß war, als ich die Eier hineingegeben habe. Aber egal. Übung macht ja bekanntlich den Meister und einige Versuche später hatte ich den Dreh raus.

CARBONARA-FACTS: Pasta Carbonara wird am häufigsten mit Spaghetti gemacht, aber andere Pasta geht natürlich auch. Guanciale ist italienischer luftgetrockneter Wangenspeck, Pancetta luftgetrockneter Bauchspeck, und Pecorino ist eine Hartkäsesorte aus Schafsmilch.

VON MEINEM *Papa*

Calzone war zu der Zeit, als meine Eltern noch das Restaurant hatten, der totale Hype. Ich habe sie mir immer von meinem Papa gewünscht, weil ich es sehr mochte, dass er die Calzone so dick gefüllt hat ... Wenn ich reingebissen habe, ist immer alles rausgequollen! Am häufigsten wurde damals Calzone mit Schinken, Pilzen und Mozzarella bestellt – probiert das auch einfach mal aus. Pizza backen ist übrigens das einzige, was mein Papa in der Küche besser kann als meine Mama. Deshalb haben sie später im Restaurant auch die Rollen getauscht, meine Mama hat dann gekocht und mein Papa hat den Service übernommen – jeder hat eben so seine Stärken und Schwächen. 😉

CALZONE MIT PAPA BRUNO

STREETFOOD AUS NEAPEL

Für 4 Personen
ca. 25 Min.
+ 1 Std. Ruhezeit
+ ca. 20–25 Min. Backzeit

1 Würfel frische Hefe (42 g)
500 g Mehl
4 EL Olivenöl
1 Dose stückige Tomaten
120 g Salami
1 Kugel Mozzarella (à 125 g)
getrocknete Kräuter nach Geschmack (z. B. Oregano, Basilikum, Thymian)
Salz
Pfeffer

1 Gib die Hefe in eine Schüssel mit 280 ml lauwarmem Wasser und rühre um, bis die Hefe sich aufgelöst hat.

2 Gib Mehl und Olivenöl dazu und verarbeite alles mit den Händen oder den Knethaken des elektrischen Handrührgerätes zu einem geschmeidigen Teig. Lass den Teig bei Zimmertemperatur 1 Stunde gehen, dabei sollte sich sein Volumen verdoppeln.

Sooo GUT!

3 Heize den Backofen auf 220 °C Ober-/Unterhitze vor und belege ein Backblech mit Backpapier. Nun teilst du den Teig in acht gleich große Stücke und rollst sie rund aus. Belege eine Hälfte der Teigplatten mit stückigen Tomaten, Salami und Mozzarella und würze alles mit getrockneten Kräutern, Salz und Pfeffer. Lege jeweils eine zweite Teigplatte darauf, drücke sie rundherum gut fest, damit die Füllung drinbleibt, und setze die Calzone-Taschen auf das Backblech.

4 Backe die Calzone im Ofen 20–25 Minuten, bis der Teig goldbraun und der Käse innen schön zerlaufen ist.

MAMAS ZITRONENPASTA

DIE IDEALE SOMMERPASTA

Für 2 Personen
ca. 20 Min.

250 g Pasta
1 Bio-Zitrone
2 Knoblauchzehen
1 großes Bund Petersilie
2–3 EL Olivenöl
150 g Sahne
Salz
Pfeffer
30 g Parmesan, frisch gerieben

1 Koche die Pasta nach Packungsangabe, gieße sie aber etwa 2 Minuten vor Ende der empfohlenen Garzeit ab. Wichtig: Fange dabei etwas Pastawasser auf, das du in einer Schüssel oder einem separaten Topf zur Seite stellst.

2 Während die Pasta kocht, wäschst du die Zitrone und reibst mit einer feinen Reibe die Schale ab, bevor du die Zitrone auspresst. Schäle außerdem die Knoblauchzehen und hacke die Petersilie fein.

3 Wenn die Nudeln fertig sind, gießt du sie ab (Achtung, Pastawasser auffangen!). Erhitze das Olivenöl bei mittlerer Temperatur in der Pfanne und lass etwa eine Handvoll Petersilie darin heiß werden. Drücke die beiden Knoblauchzehen durch eine Knoblauchpresse ebenfalls in die Pfanne. Alles kurz anschwitzen (der Knoblauch darf nicht braun werden) und direkt mit dem Zitronensaft und der Sahne ablöschen. Gib auch einen guten Schuss Pastawasser dazu, ebenso die Zitronenschale und noch etwas mehr Petersilie.

Sooo FRISCH!

4 Schmecke die Sauce mit Salz und Pfeffer ab, gib dann die Pasta direkt in die Pfanne und verrühre alles. Lass es etwa 3–4 Minuten köcheln, bis die Nudeln fertig sind. Der frisch geriebene Parmesan gibt noch den letzten Geschmackskick.

Das ist ein supereinfaches und supersommerliches Rezept. Dieses Rezept hat mir meine Mama schon früh gezeigt. Ich kann also aus eigener Erfahrung sagen, dass selbst blutige Anfänger diese Pasta hinkriegen. 😉

PENNE ARRABIATA

SCHARF UND WÜRZIG

Für 2 Personen
ca. 30 Min.

200 g Pasta (am besten Penne)
1 Zwiebel
3 Knoblauchzehen
1 Chilischote
4–5 kleine Tomaten
2 EL Olivenöl
Salz
Pfeffer
Oregano (getrocknet)
frisch geriebener Parmesan
ein paar Basilikumblätter

1 Koche die Pasta nach Packungsangabe al dente.

2 Schäle in der Zwischenzeit die Zwiebel und schneide sie in feine Würfel, ebenso die Knoblauchzehen. Wasche die Chilischote, entferne den Stiel und die Kerne und schneide die Schote in kleine Ringe. Danach gut die Hände waschen, die Schärfe setzt sich in die Haut! Wasche die Tomaten, entferne den Strunk und die Kerne und schneide das Fruchtfleisch in kleine Stücke.

3 Erhitze in einer Pfanne das Olivenöl bei mittlerer Temperatur und dünste Zwiebelwürfel und die Chili darin an, bis die Zwiebel glasig ist. Dann gibst du Knoblauch und Tomaten dazu und würzt mit Salz, Pfeffer und Oregano.

4 Gieße die fertige Pasta ab und hebe sie in der Pfanne unter die Sauce. Streue frisch geriebenen Parmesan darüber und garniere das Ganze mit Basilikum.

Wisst ihr, dass »arrabiata« so viel wie »zornig«, »wütend«, »sauer« oder »stinkig« bedeutet? Das bezieht sich auf die Schärfe der Sauce, die deutlich ausgeprägter ist als bei den meisten anderen Pastasaucen. Die Schärfe könnt ihr gut steuern – klar, je mehr Chili, desto »zorniger« wird es. Macht einfach den Klassiker aus Rom zu eurem und probiert aus, wie es euch am besten schmeckt.

LASAGNE

MIT SELBST GEMACHTER PASTA

Für 2 Personen
ca. 2 Std.
+ 40–45 Min. Backzeit

PASTA-TEIG

120 g Blattspinat
1 Ei + 2 Eigelb
120 g Mehl, plus etwas mehr zum Arbeiten
60 g Semola di grano duro (italienisch für Hartweizengrieß)
1 EL Olivenöl
Salz

RAGÙ

1 Zwiebel
1 Karotte
1 Stange Staudensellerie
3 EL Olivenöl
400 g Hackfleisch (Rind)
Salz & Pfeffer
250 ml Fleischbrühe
5 Tomaten

BÉCHAMEL-SAUCE

450 ml Milch
90 g Butter
50 g Mehl

100 g Mozzarella, gerieben

EXTRA

Nudelmaschine

1 Püriere den Blattspinat mit dem Mixer. Verknete alle Zutaten für den Teig in einer Küchenmaschine oder mit dem Handrührgerät zu einer geschmeidigen Masse. Nimm den Teig dann aus der Schüssel und knete ihn auf einer mit Mehl bestäubten Arbeitsfläche noch einmal 10 Minuten mit den Händen, bis er elastisch ist und nicht mehr klebt.

2 Forme den Teig zu einer Kugel, lege ihn zurück in die Schüssel und lass ihn mit einem sauberen Küchentuch abgedeckt etwa 30 Minuten bei Zimmertemperatur ruhen.

3 In dieser Zeit beginnst du mit dem Ragù. Dafür schälst du Zwiebel und Karotte und schneidest sie in kleine Würfel, ebenso den Staudensellerie. Dünste das Gemüse im Olivenöl ein paar Minuten an und gib dann das Hackfleisch hinzu. Das brätst du, bis es krümelig ist, und würzt es kräftig mit Salz und Pfeffer. Gieße die Fleischbrühe an und lass alles aufkochen. In der Zwischenzeit wäschst du die Tomaten, entfernst den Strunk und die Kerne und schneidest das Fruchtfleisch in kleine Würfel. Gib es zum Ragù, rühre gut um und lass das Ganze etwa 1 Stunde auf kleiner Flamme köcheln.

4 Weiter geht's mit der Pasta: Knete nach der Ruhezeit den Teig nochmals mit der Hand durch und drehe ihn dann durch die breite Öffnung der Nudelmaschine. Danach stellst du die Walzöffnung etwas enger ein und drehst den Teig erneut durch. Das machst du so oft, bis der Teig die gewünschte Dicke hat, optimal sind etwa 3–4 mm. Schneide die Lasagneplatten so zurecht, dass sie gut in deine Form passen. →

5 Für die Béchamel-Sauce lässt du die Milch in einem Topf bei mittlerer Hitze aufkochen, dabei musst du immer mal umrühren, damit sie nicht anbrennt. Nimm die Milch dann vom Herd. Lass die Butter in einem zweiten Topf schmelzen und gib dann unter Rühren das Mehl hinzu. Das nennt man »anschwitzen«. Achtung: Das Mehl darf keine Farbe annehmen. Gieße nun nach und nach die warme Milch in die Mehlschwitze, dabei solltest du ständig rühren, damit keine Klümpchen entstehen. Die Sauce wird jetzt immer dickflüssiger. Lass sie kurz aufkochen, dann ist sie fertig.

6 Heize den Backofen auf 200 °C Ober-/Unterhitze vor. Schichte die Lasagne in folgender Reihenfolge in eine Auflaufform: Ragù – Béchamel – Pasta. Wiederhole das so lange, bis alles verbraucht ist. Verteile den geriebenen Mozzarella auf der letzten Schicht. Ab in den Ofen mit der Form … und nach 40–45 Minuten kannst du eine supersaftige Lasagne genießen.

TIPP: Schneller geht's natürlich mit fertigen Lasagneplatten. Die müsst ihr oft noch nicht mal vorkochen.

TIPP: Man kann das Rezept auch mit anderen Zutaten wie Hackfleisch, klein geschnittenem Gemüse oder Erbsen variieren, die man mit dem Reis mischt – probiert es einfach aus. Sind die Bällchen zu feucht, dann am besten etwas mehr Reis dazugeben.

MAMAS ARANCINI

KNUSPRIGE REISBÄLLCHEN MIT CREMIGER FÜLLUNG

Für 12 Stück
ca. 45 Min.

500 g gekochter Risotto-Reis (entspricht ca. 180 g ungekochtem Reis)
180 g Parmesan, frisch gerieben
3 Eier
50 g Butter
Salz
Pfeffer
1 Mozzarella
Frittierfett
50 g Mehl
50 g Paniermehl

1 Vermische den gekochten Reis mit geriebenem Parmesan, zwei Eiern und der Butter zu einer geschmeidigen Masse. Würze kräftig mit Salz und Pfeffer.

2 Teile die Masse in zwölf gleiche Häufchen und zerpflücke auch den Mozzarella in zwölf Stückchen. Gib je ein Stück Mozzarella zu einem Teil Reismasse und forme daraus eine Kugel, sodass der Mozzarella in der Mitte ist.

3 Erhitze das Frittierfett in einem großen hohen Topf oder einer Fritteuse – Vorsicht, es kann spritzen! Es ist heiß genug, sobald sich kleine Bläschen bilden, wenn du einen Holzlöffel reinhältst. Verteile Mehl, ein verquirltes Ei und Paniermehl auf drei tiefe Teller und wende die Reiskugeln erst in Mehl, dann im Ei und zum Schluss in Paniermehl, bis sie rundum gleichmäßig paniert sind.

4 Gib die Arancini mit einem Schaumlöffel vorsichtig in das heiße Fett und frittiere sie im Öl schwimmend goldbraun. Herausnehmen, auf Küchenpapier abtropfen lassn und genießen!

Knusprig UND cremig!

Das ist Streetfood auf Italienisch: klein, praktisch zu essen und einfach außergewöhnlich. »Arancini« bedeutet übrigens »kleine Orangen« – klar, weil die Bällchen deren Form und Größe haben. Arancini sind Klassiker aus Rom und Sizilien, und meine Mama macht sie gern sonntags, weil sie ein bisschen mehr Zeit brauchen. Am liebsten hat sie es natürlich, wenn einer von uns dabei hilft.

FOCACCIA

MIT MEDITERRANEN KRÄUTERN UND MEERSALZ

Für 1 Backblech
ca. 15 Min.
+ 7–9 Std. Gehzeit am Vortag
+ ca. 25 Min. Backzeit

600 g Mehl
21 g frische Hefe (½ Würfel)
3–4 EL Olivenöl
1 TL Salz
Thymian
Rosmarin
grobes Meersalz

1 Verrühre 200 g Mehl mit 200 ml lauwarmem Wasser und der zerkrümelten Hefe in einer Schüssel zu einem Vorteig. Den lässt du 6–8 Stunden bei Raumtemperatur gehen.

2 Gib danach noch einmal 250 ml Wasser, die restlichen 400 g Mehl, 1½ EL Olivenöl und 1 TL Salz zu dem Vorteig und knete ihn 10 Minuten mit der Hand oder dem Handrührgerät. Der Teig ist sehr weich und muss jetzt noch mal 1 Stunde gehen.

3 Heize den Backofen auf 220 °C Ober-/Unterhitze vor. Gib den Teig aus der Schüssel direkt auf ein eingeöltes Backblech und verteile ihn mit den Händen. Das klappt am besten, wenn man die Finger vorher in ein wenig Öl taucht.

4 Vermische 2 EL Öl mit 1 EL Wasser und beträufele die Focaccia damit. Dann bestreust du sie noch mit etwas getrocknetem Thymian, Rosmarin und grobem Meersalz und backst sie in etwa 25 Minuten knusprig goldgelb.

mamma mia

Das ist eines der beliebtesten Brotrezepte Italiens, dem man einfach nicht entkommen kann. Es gibt Focaccia eigentlich immer: vor dem Essen, dazu, als Snack zwischendurch ... Für die, die es genau wissen wollen: Ursprünglich kommt Focaccia aus der Region Ligurien rund um Genua.

TIPP: Unglaublich lecker ist Focaccia auch aufgeschnitten als Sandwich, belegt mit Mortadella und/oder Burrata zum Beispiel.

UNGLAUBLICH SCHNELL VERPUTZT

SNACKS

Manchmal brauche ich zwischendurch einfach einen Snack oder ich will nur schnell ein kleines Mittagessen haben, mir aber nichts kaufen oder bestellen. Du kennst das? Dann bist du hier richtig. Ganz easy was Leckeres kochen – ohne viel Aufwand und vor allem unglaublich lecker!

BRUSCHETTA

IN ZWEI VARIANTEN

Für 2 Personen
ca. 20–30 Min.

1 Ciabatta
2 TL Olivenöl

BELAG MIT TOMATEN

2–3 Tomaten
ein paar Basilikumblätter
1 Knoblauchzehe
½ Kugel Mozzarella (à 125 g)
Salz
Pfeffer

BELAG MIT ZUCCHINI

1 kleine Zucchini
1 EL Olivenöl
1 Knoblauchzehe
Salz
Pfeffer
100 g Ricotta

1 Schneide die Ciabatta in Scheiben. Erhitze Olivenöl in einer Pfanne und brate die Ciabatta-Scheiben darin, bis sie kross werden. Dann stellst du sie beiseite.

2 Für den Belag mit Tomaten: Leg Backpapier auf ein Backblech und gib die Hälfte der Ciabatta-Scheiben darauf. Heize den Backofen auf 200 °C (Ober-/Unterhitze) vor. In der Zwischenzeit wäschst du die Tomaten, entfernst den Strunk und die Kerne und schneidest das Fruchtfleisch in kleine Würfel. Hacke einige Blättchen Basilikum, ebenso den Knoblauch und den Mozzarella und gib beides zusammen mit etwas Salz und Pfeffer zu den Tomaten. Umrühren und die Mischung auf den Ciabatta-Scheiben verteilen. Schieb die Brote kurz in den vorgeheizten Backofen, damit der Mozzarella leicht schmilzt.

3 Für den Zucchini-Belag: Wasch die Zucchini und schneide sie in kleine Würfel. Die brätst du in einer Pfanne mit ein wenig Olivenöl kurz an. Währenddessen schälst du die Knoblauchzehe und drückst sie durch die Knoblauchpresse zur Zucchini in die Pfanne. Würze mit Salz und Pfeffer, rühre gut um und lass alles bei mittlerer Hitze bis zur gewünschten Konsistenz schmoren. Jetzt verteilst du den Ricotta auf der anderen Hälfte der Brotscheiben und zum Schluss toppst du das Ganze mit den gebratenen Zucchiniwürfeln.

Mega-LECKERER Snack!

Freunde, das Wichtigste zuerst: die Aussprache. 😜 Es heißt »BrusKetta«, und nicht »BruSCHetta«! Denn das Wort kommt von »bruscare«, was so viel wie »rösten« bedeutet. Bruschetta gehört zu den bekanntesten Antipasti, also Vorspeisen, aber eigentlich wird Bruschetta in Italien meist schon zu einem Aperitif serviert. Mit dieser kleinen Italienischstunde seid ihr bei eurer nächsten Bestellung beim Italiener safe.

CIABATTA-SCHIFF

DER SCHNELLE SNACK

Für 2 Personen
ca. 10 Min.
+ 5–10 Min. Backzeit

1 Ciabatta
175 g Mozzarella
2–3 EL Olivenöl
1 Dose Thunfisch
2–3 EL Mais
4 Kirschtomaten
getrocknete italienische Kräuter nach Wahl (z. B. Thymian, Rosmarin, Oregano, Basilikum)

1 Schneide mit einem Brotmesser ein rechteckiges Stück aus der Ciabatta heraus. Hierzu setzt du an einer Ecke etwas vom Rand entfernt an, stichst bis zur Hälfte der Höhe durch und folgst dann der Form der Ciabatta. Du solltest am Ende eine Art »Deckel« abnehmen können. Achtung: Der Boden der Ciabatta muss weiterhin zusammenhängen und darf nicht durchgeschnitten werden.

2 Heize den Backofen auf 200 °C Ober-/Unterhitze vor. In der Zwischenzeit reibst du 50 g des Mozzarellas. Beträufle das Innere der Ciabatta mit 1½ EL Olivenöl und verteile den geriebenen Mozzarella in dem Brot. Dann gibst du Thunfisch und Mais darüber. Die Kirschtomaten wäschst du, halbierst sie und legst sie ebenfalls in das Brot.

3 Schneide nun den restlichen Mozzarella in Scheiben und lege sie als Abschluss auf die Füllung. Beträufle alles noch einmal mit dem restlichen Olivenöl und würze das Ganze. Dann schiebst du das Ciabatta-Schiff für 5–10 Minuten in den Ofen, bis der Käse zerlaufen und das Brot schön goldbraun ist.

Das ist ein Snack für wirklich jeden Anlass, den man natürlich auch mit anderen Zutaten wie Salami, Schinken, Gemüse etc. variieren kann, ungefähr wie eine Pizza. Wie immer: Traut euch, probiert was aus!

TIPP: Den Brotdeckel kannst du entweder so snacken oder auch belegen und mit in den Ofen schieben.

ITALIENISCHE TACOS

FUSION-MIX AUS MEXIKO UND ITALIEN

Für 4 Personen
ca. 20–30 Min.

8 Wraps
2–3 Tomaten
1 Kugel Mozzarella (à 125 g)
ein paar Basilikumblätter
Gewürze nach Wahl (z. B. (Kräuter-)Salz, Pfeffer)
2–3 EL Olivenöl

1 Heize deinen Backofen auf 200 °C Ober-/Unterhitze vor. Währenddessen stellst du eine kleine Schale auf die Wraps und schneidest mit einem Messer drum herum, sodass du einen kleineren Kreis (ca. 15 cm Durchmesser) erhältst. Die Reste kannst du einfach so naschen. Lege die kleinen Wraps so auf einen Backofenrost über jeweils zwei Stangen, dass die Seiten herunterhängen. So entsteht die perfekte Form für Taco-Shells. Backe die Wraps maximal 10 Minuten im Ofen, bis sie knusprig und leicht braun sind und von alleine stehen bleiben.

2 In der Zwischenzeit wäschst du die Tomaten, entfernst den Strunk und die Kerne und schneidest das Fruchtfleisch klein. Auch den Mozzarella zerteilst du in kleine Würfel. Hacke die Basilikumblättchen und vermische sie mit Tomaten und Mozzarella. Füge die Gewürze und ein bisschen Olivenöl dazu, rühre noch einmal gut um ... und fertig ist die original italienische Füllung für die Tacos!

Zu diesem Rezept gibt es eine lustige Geschichte: Ich hatte Lust auf Caprese, also Tomate-Mozzarella-Salat, meine Schwester eher auf Wraps/ Tacos. Da haben wir gesagt: »Lass uns probieren, beides zu mischen«, und es hat super geklappt.

TRAUT euch!

TIPP: Den Rand von den Wraps könnt ihr mit Tomaten, Sauce und Käse belegen, dann zu einer Schnecke rollen, in eine Muffinform stellen und in den Ofen packen.

hot!
OLD
ET VIM ELIT
OMNIUM
GRAECO

PESTO-FLAMMKUCHEN

Für 1 Portion
ca. 20 Min.
+ 30 Min. Ruhezeit
+ 20 Min. Backzeit

FLAMMKUCHENTEIG

250 g Mehl
2 EL Olivenöl
1 Prise Salz

BELAG

6 EL Pesto
2–3 rote Zwiebeln
1 Päckchen Feta (200–250 g)
80 g Pinienkerne
80 g Parmesan
1 TL gemahlener Kreuzkümmel
Meersalz
Pfeffer
3–4 EL Olivenöl
3–4 Stängel Basilikum

1 Für den Teig verknetest du das Mehl mit 125 ml Wasser, dem Olivenöl und dem Salz zu einem geschmeidigen Teig – das kannst du mit den Händen oder dem Handrührgerät machen. Decke den Teig mit einem sauberen Küchentuch ab und lass ihn 30 Minuten ruhen.

2 Heize den Backofen auf 200 °C Ober-/Unterhitze vor. Rolle den Teig dünn auf einem mit Backpapier belegten Backblech aus und bestreiche ihn gleichmäßig mit dem Pesto. Schäle die Zwiebeln und schneide sie in feine Ringe, die du auf dem Teig verteilst. Zerkrümele den Feta darüber, verteile die Pinienkerne darauf und bestreue alles mit dem frisch geriebenen Parmesan. Dann würzt du noch mit Kreuzkümmel, Salz und Pfeffer. Ab in den Ofen mit dem Blech, und nach etwa 20 Minuten ist der Flammkuchen fertig.

3 Noch heiß beträufelst du dein Werk mit etwas Olivenöl und verteilst die Basilikumblättchen darauf.

TIPP: Wer keine Zeit oder Lust hat, den Teig selbst zu machen, kann auch einen oder mehrere große Wraps als Boden nutzen.

Im Prinzip ist dieses Rezept genau so entstanden, wie man es sich vorstellt: Ein guter Freund und ich hatten Lust auf Nudeln mit Pesto, hatten aber keine Nudeln zu Hause. Alles, was ich hatte, waren die Zutaten für einen Flammkuchenteig. Am Ende waren wir mit dem Pesto-Flammkuchen sogar noch zufriedener als mit Pasta pesto.

Gurken-Sushi

Low Carb mit Frischkäse und Räucherlachs

Für 2 Personen
ca. 15 Min.

1 Gurke
Frischkäse (so viel du magst)
100–200 g Räucherlachs (nach Geschmack)
Sesam zum Bestreuen

EXTRA
Holzspieße

1 Wasche die Gurke und schneide die Enden ab. Mit einem Sparschäler ziehst du dann der Länge nach dünne Streifen von der Gurke ab und legst sie leicht überlappend auf Küchenpapier aus.

2 Jetzt streichst du großzügig Frischkäse über die ganze Fläche und verteilst die Lachsscheiben darauf. Beginne an der Seite mit den dünnen Enden alles zu einer dicken Rolle aufzudrehen und stabilisiere das Ganze mit kleinen Spießen – wenn die Sushi-Stücke später z. B. 3 cm breit sein sollen, steckst du die Spieße im Abstand von 3 cm hinein.

3 Jetzt musst du das Gurken-Sushi nur noch zurechtschneiden (immer in der Mitte zwischen zwei Spießen), hübsch anrichten, mit Sesamkörnern bestreuen … und genießen!

Ein cooler Snack, der ganz ohne Reis auskommt. Er ist dadurch Low Carb und sehr sättigend. Sesamkörner gibt es übrigens in hell und schwarz, das sieht als Kombi super aus – das Auge isst ja schließlich auch mit!

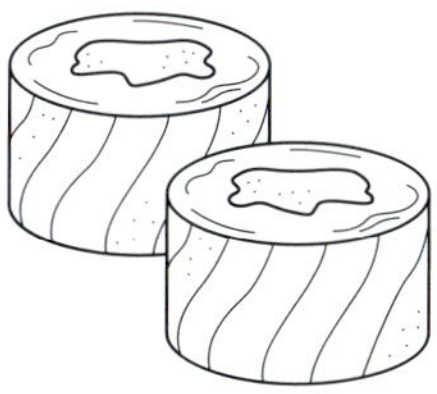

FRÜHLINGSROLLEN

Für 2 Personen
ca. 1 Std.
+ ca. 20 Min. Backzeit

20 g Ingwer
2 Knoblauchzehen
2 Zwiebeln
½ Chilischote
1 Frühlingszwiebel
300 g Weißkohl
2 Karotten
2–3 EL Erdnuss- oder Sesamöl
500 g Hackfleisch (Rind und Schwein gemischt)
Sojasauce
½ TL Chiliflocken
Salz
Pfeffer
1 Ei
70 g Mehl
1 Packung Frühlingsrollenteig/ Filo-Teig (ca. 500 g; Kühlregal)
1 TL Speisestärke

1 Schäle Ingwer, Knoblauch und Zwiebeln und hacke alles sehr fein. Wasche Chilischote, Frühlingszwiebel und Weißkohl. Die Chilischote wird entkernt und fein gehackt, die Frühlingszwiebel in feine Ringe geschnitten und der Weißkohl in feine Streifen. Schäle die Karotten und schneide sie ebenfalls in feine Streifen.

2 Gib das Öl in eine Pfanne oder einen Wok und brate das Hackfleisch darin an, bis es krümelig ist. Füge Ingwer, Knoblauch, Zwiebeln und Chilischote dazu. Sobald das Fleisch schön angebraten ist, gibst du die Frühlingszwiebelringe, Weißkohl- und Karottenstreifen dazu. Vermenge alles und schmecke die Masse mit Sojasauce, Chiliflocken, Salz und Pfeffer würzig bis scharf ab – wie du magst.

3 Gib die Füllung über einer Schüssel in ein Sieb und fange die Bratflüssigkeit auf. Lass die Masse etwas abkühlen.

4 In einer kleinen Schüssel verrührst du das Ei mit dem Mehl und etwas Wasser – es soll eine gut streichfähige, nicht zu flüssige Masse werden. Heize den Backofen auf 200 °C Ober-/Unterhitze vor.

5 Verteile die abgetropfte Füllung auf die Teigblätter, sodass immer ein bisschen Rand frei bleibt. Rolle die Teigblätter von der kurzen Seite her auf, pinsele die überstehenden Ränder mit der Eimischung ein und verschließe die Frühlingsrollen fest. Lege sie mit der Naht nach unten auf ein mit Backpapier belegtes Backblech und bestreiche sie komplett mit der restlichen Eimischung. Backe sie im Ofen etwa 15–20 Minuten, bis sie knusprig sind.

6 Gieße inzwischen die Bratflüssigkeit zurück in die Pfanne und lass sie kurz aufkochen. Verrühre in einer Schüssel die Speisestärke mit etwas Wasser und gib sie zur Sauce. Lass sie kurz aufkochen, dann bindet sie schön. Jetzt die Sauce nicht mehr kochen lassen, vielleicht mit ein wenig Sojasauce nachwürzen, dann passt sie gut zu den Frühlingsrollen.

Meine Schwester ist ein riesengroßer Sushi-Fan. Sie war auch die Erste von uns, die New York besucht und Sushi probiert hat. Später haben wir alle in New York zum allerersten Mal Sushi gegessen. Mein Vater hat die Sojasauce aus dem Kännchen ausgetrunken, das muss soooo schlimm geschmeckt haben!

VON MEINER *Schwester*

LACHS-SUSHI-HÄPPCHEN

MIT MEINER SCHWESTER MARIA

DER KLASSIKER – MIT WASABI UND SOJASAUCE

Für 4 Häppchen
(1 Person)
ca. 30 Min.

150 g Sushi-Reis
150 g superfrischer Sashimi-Lachs (oder Räucherlachs)
2 TL Wasabi
60 ml Sojasauce
25 g eingelegter Ingwer (aus dem Glas)

1 Bereite den Sushi-Reis nach Packungsangabe zu und lass ihn abkühlen. Schneide währenddessen den Lachs in vier daumendicke Streifen.

2 Forme den abgekühlten Reis zu vier Bällchen, die etwa so groß sind wie ein kleines Ei. Bestreiche die Lachsstücke jeweils dünn mit Wasabi-Paste und lege sie mit der Wasabiseite auf die Reisbällchen.

3 Jetzt kannst du die Lachs-Sushi-Häppchen mit Sojasauce und Ingwer genießen.

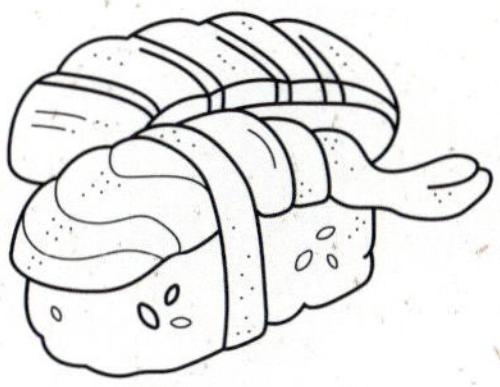

SMASHED POTATOES

KARTOFFELN MAL ANDERS

Für 2 Personen
ca. 70 Min.

200 g Kartoffeln
2–3 Knoblauchzehen
1–2 Zweige Rosmarin
4–5 EL Olivenöl
grobes Meersalz

JOGHURTSAUCE

100 g Joghurt
1 EL Olivenöl
Schnittlauch, fein gehackt
Salz
Pfeffer

1 Wasche die Kartoffeln und koche sie mit der Schale je nach Größe in 20–30 Minuten weich. Gieße sie ab, lege sie auf ein mit Backpapier belegtes Backblech und zerdrücke oder »smashe« sie grob mit einem Kartoffelstampfer (ein großes Glas oder ein Topfboden tun's auch).

2 Heize den Backofen auf 180 °C Ober-/Unterhitze vor. Schäle die Knoblauchzehen, schneide sie in feine Scheiben und verteile sie auf den Kartoffeln, ebenso die abgezupften Rosmarinnadeln. Jetzt träufelst du das Olivenöl darüber und würzt mit grobem Meersalz. Die Smashed Potatoes müssen nun für 40 Minuten in den Ofen. Damit sie rundum knusprig werden, solltest du sie nach 20 Minuten einmal wenden.

3 Für die Joghurtsauce verrührst du Joghurt mit Olivenöl und Schnittlauch und würzt mit Salz und Pfeffer – ganz einfach.

Sooo LECKER, sooo KNUSPRIG

Dieses Rezept ist ein Spaß für die ganze Familie. Probiert es mal aus: Kinder lieben es, die Kartoffeln mit einem Glas platt zu drücken.

TIPP: Diese Kartoffeln kann man immer essen. Sie sind pur schon unglaublich gut, aber wenn ihr mögt, überbackt sie zusätzlich mal mit Parmesan … dann seid ihr echt im Himmel!

SELBST GEMACHTE CHIPS

DAVON KRIEGT MAN NIE GENUG

Für 2 Personen
ca. 20 Min.
+ ca. 15 Min. Backzeit

250 g mehligkochende Kartoffeln
1–2 EL Olivenöl
¼ TL Paprikapulver
½ TL Knoblauchpulver
¼ TL Chiliflocken
Salz

1 Heize den Backofen auf 160 °C Umluft vor. Wasche und schäle die Kartoffeln und schneide sie mit einem Gemüsehobel in sehr dünne Scheiben. Gib die Scheiben in eine Schüssel.

2 Nun vermischst du das Olivenöl mit den Gewürzen und gibst es über die Kartoffeln. Rühre gut um, damit die Kartoffelscheiben von allen Seiten etwas von dem Gewürzöl abbekommen.

3 Lege die Kartoffeln auf ein mit Backpapier belegtes Backblech und backe sie im Backofen etwa 15 Minuten, bis sie schön kross sind. Gib sie danach für ein paar Minuten auf Küchenpapier und lass sie etwas abkühlen, bevor du sie snackst.

Freunde, ich liebe einfach den Geschmack von Kartoffeln in Kombi mit Olivenöl. Chips aus der Packung werden ja oft mit anderen Ölen hergestellt, aber probiert mal bewusst den Unterschied zu diesen Chips. Traut euch auch, bei den Gewürzen zu experimentieren – schwarzer Pfeffer ist zum Beispiel auch eine super Idee dazu.

UNGLAUBLICH SCHNELL

FEIERABENDKÜCHE

Du hast abends keine Lust mehr zu kochen? Versteh ich wirklich gut. Dann sind One-Pot-Gerichte die perfekte Lösung! Alles kommt (im besten Fall) gleichzeitig in den Topf oder in die Pfanne und am Ende hast du ohne großen Aufwand ein richtig leckeres Gericht. Das beste daran: Man muss nicht viel spülen!

BURRATA-PASTA

GRIECHENLAND TRIFFT ITALIEN

Für 2 Personen
ca. 15 Min.
+ ca. 25 Min. Backzeit

10–15 Kirschtomaten
1–2 rote Zwiebeln
1 Päckchen Feta (200–250 g)
3–4 EL Olivenöl
200 g Pasta deiner Wahl
1 Burrata (250 g)

1 Heize den Backofen auf 200 °C Ober-/Unterhitze vor. Wasche die Kirschtomaten und gib sie in eine Auflaufform. Schäle die Zwiebeln, schneide sie in kleine Würfel und gib sie zu den Tomaten. In die Mitte der Form setzt du die ganze Scheibe Feta, und zum Schluss beträufelst du alles mit dem Olivenöl. Nun schiebst du die Form für etwa 25 Minuten in den Ofen, bis die Tomaten leicht zerfallen.

2 In der Zwischenzeit kochst du die Pasta nach Packungsangabe al dente und gießt sie ab.

3 Nimm die Form aus dem Ofen, vermische alles grob und gib die Burrata dazu. Vermenge noch einmal alles gründlich. Dann hebst du die gekochte Pasta unter – fertig.

unglaublich LECKER

TIPP: Dieses Rezept schmeckt natürlich auch mit vorgekochter Pasta. Optimal auch zur Resteverwertung, falls jemals Pasta übrig bleiben sollte …

ONE-POT-GNOCCHI

MIT RICOTTA UND KRÄUTERN

Für 2 Personen
ca. 10 Min.
+ ca. 25 Min. Backzeit

200 g Ricotta
200 g Kirschtomaten
4–6 EL Olivenöl
Salz
Pfeffer
getrocknete italienische Kräuter
(z. B. Oregano, Rosmarin, Thymian)
300 g Gnocchi (Kühlregal)
ein paar Basilikumblätter

1 Heize den Backofen auf 200 °C Ober-/Unterhitze vor. Lege den Ricotta möglichst im Ganzen in eine Auflaufform, wasche die Kirschtomaten und verteile sie drumherum. Beträufle alles mit 3–4 EL Olivenöl und würze kräftig mit Salz, Pfeffer und Kräutern. Dann schiebst du die Form für etwa 25 Minuten in den Backofen.

2 Erwärme in einer Pfanne 1–2 EL Olivenöl und brate die Gnocchi darin bei mittlerer Hitze schön goldbraun und knusprig an.

3 Nimm die Auflaufform aus dem Ofen, zerdrücke den Käse und gib die Gnocchi sowie reichlich frischen Basilikum hinzu. Dann vermischst du alles gründlich, bis du eine herrlich cremige, tomatige Masse hast. Mamma mia – das schmeckt sooo lecker!

Einfach NUR EASY!

Die One-Pot-Gerichte waren der Kickstart für all meine Arbeit! Durch diese supereinfachen Rezepte habt ihr mich kennengelernt. Sie sind sozusagen meine Signature Dishes. Danke noch mal für all euren Support!! Für mich ist das eine der schnellsten, einfachsten und cremigsten Pastasaucen und damit ein Top-Feierabendrezept, auch wenn man eigentlich keine Lust mehr hat, was zu kochen. Da der Feta schon sehr würzig ist, braucht man noch nicht mal unbedingt Gewürze. Und viel spülen muss man hinterher auch nicht!

ONE-POT-CANNELLONI

VON MAMA – IM VEGGIE-STYLE

Für 2 Personen
ca. 15 Min.
+ ca. 40 Min. Backzeit

500 g Kirschtomaten
1 Packung Mini-Mozzarella (150 g)
250 g Cannelloni
1 Zwiebel
1 Knoblauchzehe
4 EL Tomatenmark
500 g passierte Tomaten
getrocknete italienische Kräuter (z. B. Oregano, Basilikum, Rosmarin, Thymian)
Salz
Pfeffer
100 g Reibekäse
ein paar Basilikumblätter

1 Heize den Backofen auf 200 °C Umluft vor. Wasche die Kirschtomaten, fülle sie abwechselnd mit den Mini-Mozzarellakugeln in die Cannelloni und lege diese in eine große Auflaufform. Schäle die Zwiebel und die Knoblauchzehe, schneide beide in feine Würfel und gib sie zu den Cannelloni.

2 Nun zur Sauce: Verrühre Tomatenmark und passierte Tomaten, gib 500 ml Wasser hinzu und würze alles kräftig mit den getrockneten Kräutern, Salz und Pfeffer. Die Sauce gießt du über die Cannelloni.

3 Zum Schluss verteilst du den Reibekäse über der Pasta und backst die Cannelloni etwa 40 Minuten im Ofen, bis es schön brodelt und der Käse zerlaufen und leicht gebräunt ist. Wenn die Cannelloni aus dem Ofen kommen, garnierst du sie noch mit ein paar frischen Basilikumblättchen – was für ein Genuss!

Die Cannelloni waren, wie die Lasagne, ein Sonntagsklassiker bei uns in der Familie. Wenn ich gerade daran denke, läuft mir das Wasser im Mund zusammen.

TIPP: Probiert auch andere Füllungen aus, zum Beispiel den Klassiker mit Spinat und Ricotta. Oder füllt die Cannelloni mit Hackfleisch und anderem Gemüse. Cannelloni haben wie Lasagneplatten den Vorteil, dass man sie nicht vorkochen muss, sondern direkt zusammen mit den anderen Zutaten garen kann – spart Zeit und Aufwand.

Die Sauce ist der Klassiker schlechthin, ein sehr einfaches Rezept. Nur eines ist superwichtig: Lasst die Tomatensauce auf keinen Fall zu kurz kochen, je länger, desto besser. Meine Mama fängt oft schon am Sonntagmorgen damit an, damit die Sauce mittags fertig ist. Die Sauce ist eine leckere Basis, auch für viele Rezepte in diesem Buch, und das Tolle an ihr ist, dass man sie unendlich abwandeln kann. Meine Mama gibt zum Beispiel Hackfleischbällchen dazu. Oder ihr gebt noch Gemüse rein oder …

VON MEINER Mama

Nudeln mit Tomatensauce

mit Mama Clementina

So einfach, so gut

Für 4 Personen

ca. 45 Min.

2–3 Knoblauchzehen
3 EL Olivenöl
1 Dose stückige Tomaten
1 Prise Salz
1 Prise Zucker
1 Prise schwarzer Pfeffer
1 Handvoll Basilikumblätter
400 g Pasta nach Wahl

1 Schäle die Knoblauchzehen. Gib das Olivenöl in einen Topf und erwärme es bei mittlerer Hitze. Dann drückst du den Knoblauch durch die Knoblauchpresse dazu. Schwitze den Knoblauch nur kurz an, er soll nicht braun werden, sondern glasig. Gib die stückigen Tomaten, Salz, Zucker, Pfeffer und die Basilikumblätter hinzu, rühre gut um und lass die Sauce dann bei schwacher Hitze mindestens 30 Minuten köcheln.

2 In der Zwischenzeit setzt du das Wasser für die Pasta auf und kochst sie nach Packungsangabe.

3 Wenn du möchtest, dass die Sauce eine ganz feine Konsistenz hat, entfernst du zum Schluss die Basilikumblätter und pürierst die Sauce im Mixer oder mit dem Pürierstab, bevor du sie zu der Pasta servierst.

ONE-POT-MAC-AND-CHEESE-PASTA

KLASSIKER MIT SCHÖN VIEL KÄSE

Für 2 Personen
ca. 10 Min.
+ ca. 30 Min. Backzeit

200 g Maccaroni
8 Scheiben Cheddar-Käse
150 ml Milch
250 g Sahne (z. B. Cremefine)
50 g Reibekäse
Salz
Pfeffer

1 Heize den Backofen auf 180 °C Ober-/Unterhitze vor. Gib die Pasta in eine Auflaufform. Die Cheddar-Scheiben legst du schön aufeinander und dann als Stapel in die Mitte der Form auf die Pasta. Gib so viel Wasser dazu, dass die Pasta bedeckt ist.

2 Jetzt verteilst du Milch, Sahne und Reibekäse in der Form und würzt das Ganze kräftig mit Salz und Pfeffer.

3 Backe den Auflauf etwa 30 Minuten im Ofen. Nimm die Form heraus, vermische Nudeln, Sauce und geschmolzenen Käse ordentlich – und schon kannst du ohne viel Aufwand superleckere Mac and Cheese genießen.

Rominas und mein erstes gemeinsames One-Pot-Rezept. Kim hat damals zu mir gesagt: »Stef, ich bin dir so dankbar für dieses Rezept. Endlich kann ich Mac and Cheese essen, ohne ständig am Herd stehen und rühren zu müssen.«

TIPP: Wenn ihr noch mehr Käse mögt, tut euch keinen Zwang an – ein paar Mini-Mozzarellakugeln dazu können auch nicht schaden, für extra viel Käsegenuss!

KÄSE *deluxe!*

ONE-POT-SCHINKEN-KÄSE-FARFALLE

PERFEKTE RESTEVERWERTUNG

Für 2 Personen
ca. 10 Min.
+ ca. 30 Min. Backzeit

- 300 g Pasta (z. B. Farfalle)
- 100 g Kochschinken
- 150 g Erbsen (frisch oder TK)
- 250 g Sahne (z. B. Cremefine)
- 2 EL Tomatenmark
- Salz
- Pfeffer

1 Heize den Backofen auf 180 °C Ober-/Unterhitze vor. Gib die Farfalle in eine Auflaufform und gieß so viel Wasser dazu, dass die Pasta bedeckt ist. Schneide den Kochschinken in Würfel und gib ihn mit den Erbsen zu der Pasta in die Form.

2 Für die Sauce verrührst du in einer kleinen Schüssel Sahne und Tomatenmark und würzt mit Salz und Pfeffer. Dann verteilst du sie gleichmäßig in der Form.

3 Zum Schluss backst du die One-Pot-Farfalle 30 Minuten im Ofen, und dann ist dieses schnelle Feierabendgericht auch schon fertig.

Mit der schönen Schmetterlingsform der Farfalle machst du aus diesem einfachen Gericht gleich auch einen Hingucker für Gäste. Und wenn es mal ein romantisches Essen für zwei werden soll: Pasta gibt's auch in Herzchenform.

ONE-POT-CHICKEN-ALFREDO

KLASSIKER IM VEGGIE-ONE-POT-STYLE

Für 2 Personen
ca. 15 Min.
+ 35–40 Min. Backzeit

4 Scheiben Cheddar-Käse
1 Burrata (250 g)
200 g Tagliatelle-Nester
150 g veganes Geschnetzeltes (z. B. aus Soja; Kühlregal)
1 EL Olivenöl
Salz
Pfeffer
50 g Sahne (z. B. Cremefine)
1 Zwiebel
500 ml Gemüsebrühe
30 g Reibekäse

1 Heize den Backofen auf 200 °C Ober-/Unterhitze vor. Lege den Cheddar-Käse als Stapel in die Mitte der Auflaufform und setze die Burrata darauf. Verteile die Pasta-Nester und das vegane Geschnetzelte rundherum.

2 Beträufle alles mit Olivenöl, würze mit Salz und Pfeffer und gieße die Sahne an. Nun schälst du die Zwiebel, schneidest sie in kleine Würfel und gibst sie ebenfalls in die Form. Dann gießt du noch die Gemüsebrühe hinzu, sodass die Pasta fast bedeckt ist.

3 Jetzt schiebst du die Form für 12 Minuten in den Ofen. Hol sie dann kurz heraus und mische alles einmal durch. Dann kommt die Pasta wieder in den Ofen, und zwar weitere 13 Minuten. Danach verteilst du den Reibekäse auf der Pasta und schiebst die Form ein letztes Mal in den Ofen – nach 10–15 Minuten sollte der Käse zerlaufen und die Pasta leicht gebräunt sein.

Ich liebe dieses Gericht, weil es megacremig ist. Wichtig wie bei jeder One-Pot-Pasta ist, dass die Tagliatelle-Nester so gut wie komplett mit Flüssigkeit bedeckt sind, damit sie auch gar werden.

ONE-POT-TORTELLINI

MIT SPINAT UND CREMIGER BURRATA

Für 2–3 Personen
ca. 20 Min.

1 Zwiebel
2 Knoblauchzehen
2–3 EL Olivenöl
500 g passierte Tomaten
2–3 EL Sahne (z. B. Cremefine)
200 g Spinat
500 g Tortellini (Kühlregal; Füllung nach Wunsch)
Salz
Pfeffer
1 Burrata (250 g)
4 Stängel Basilikum

1 Schäle die Zwiebel und die Knoblauchzehen und schneide alles in kleine Würfel. Erwärme das Olivenöl in einer Pfanne und dünste die Zwiebel- und Knoblauchwürfel bei mittlerer Hitze darin an.

2 Gib die passierten Tomaten, die Sahne und den Spinat dazu und lass alles kurz aufkochen. Füge dann die Tortellini hinzu, würze mit Salz und Pfeffer und vermische alles gut. Lege einen Deckel auf und lass alles 5 Minuten bei schwacher Hitze durchziehen.

3 Zum krönenden Abschluss gibst du die Burrata in die Pfanne und rührst sie unter, bis eine cremige Sauce entsteht. Zupfe die Blättchen vom Basilikum ab und streue sie über die Pasta, dann kannst du servieren!

Freunde, ein bisschen Nerd-Wissen für euch: Der Legende nach ist die Form der Tortellini dem Bauchnabel der Liebesgöttin Venus nachempfunden. Ein Koch soll einst in einem Wirtshaus, in dem Venus übernachtet hat, durchs Schlüsselloch geschaut und einen Blick auf ihren Bauchnabel erhascht haben. Weil er ihn so schön fand, hat er Venus zu Ehren diese Pastaform erfunden.

ONE-POT-BROKKOLI-PASTA

SUPERCREMIG, SUPERGESUND

Für 2 Personen
ca. 20 Min.
+ ca. 30–40 Min. Backzeit

1 Brokkoli
150 g kurze Pasta (z. B. Penne oder Rigatoni)
3–4 EL Olivenöl
100 g Mais
80 g Kichererbsen
80 g magere Speckwürfel
100 g Sahne (z. B. Cremefine)
Chiliflocken
Salz
Pfeffer
1 Burrata (250 g)

1 Heize den Backofen auf 180 °C Umluft vor. Putze und wasche den Brokkoli und zerteile ihn dann in kleine Röschen. Gib die Pasta in eine Auflaufform und verteile das Olivenöl darüber.

2 Jetzt fügst du Brokkoliröschen, Mais, Kichererbsen, Speckwürfel und Sahne hinzu und würzt alles kräftig mit Chiliflocken, Salz und Pfeffer. Gib so viel Wasser in die Auflaufform, dass die Pasta bedeckt ist.

3 Gare die Nudeln im Ofen etwa 30–40 Minuten. Dann nimmst du die Form heraus, setzt die Burrata in die Mitte, rührst alles gut durch und freust dich über ein cremiges buntes Essen.

Burrata ist übrigens noch cremiger als Mozzarella, weil sie zusätzlich zur Mozzarellamasse auch noch Sahne enthält. Das gibt der Sauce einen süßlicheren Geschmack und macht sie herrlich sämig.

Das war das erste Rezept, das Giovanni für mich gemacht hat – die Notfall-Lösung, wenn der kleine Bruder Hunger hatte und Mama nicht da war. Wir haben einfach genommen, was im Kühlschrank war, und das mit den Schupfnudeln in die Pfanne gehauen. Typische Resteverwertung also … und es war immer sooo lecker. Bei dem Geschmack fühle ich mich jedes Mal in meine Kindheit zurückversetzt.

VON MEINEM *Bruder*

Schupfnudeln

mit meinem Bruder Giovanni

Comfort Food, lecker und schnell

Für 2 Personen
ca. 20 Min.

500 g frische Schupfnudeln (Kühlregal)
6 Cocktailtomaten
1 Dose Thunfisch (so viel ihr mögt)
2 Eier
2 Handvoll Reibekäse
Salz
Pfeffer

1 Erwärme die Schupfnudeln in einer beschichteten Pfanne (ohne Fett) bei mittlerer Hitze. Halbiere die Tomaten.

2 Wenn die Schupfnudeln schön Farbe angenommen haben, gibst du den Thunfisch dazu.

3 Schlage die Eier über einer kleinen Schüssel auf und verquirle sie. Dann gießt du sie in die Pfanne, lässt sie kurz stocken, streust anschließend den Reibekäse drüber, gibst die Tomaten dazu und rührst alles gut um. Würze mit Salz und Pfeffer, vermenge noch einmal alles – und fertig.

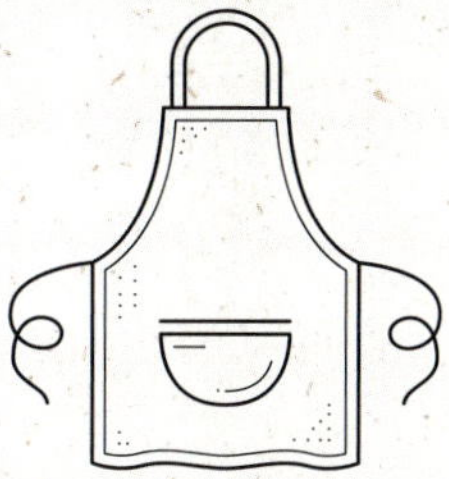

PASTA AVOCADO

SCHÖN GRÜN, VEGAN UND LECKER

Für 2 Personen
ca. 25 Min.

250 g Spaghetti
1 Avocado
2 Knoblauchzehen
Saft von ½ Zitrone
30 g Cashewkerne
ein paar Basilikumblätter
1 EL pflanzliche Crème fraîche
1 EL Olivenöl
Salz
Pfeffer

1 Zuerst kochst du die Spaghetti nach Packungsangabe.

2 Während die Spaghetti kochen, bereitest du die Sauce vor: Entkerne und schäle die Avocado, schäle die Knoblauchzehen und gib beides zusammen mit den restlichen Zutaten in den Mixer der Küchenmaschine oder in ein hohes Gefäß, in dem du sie mit einem Pürierstab pürieren kannst. So lange mixen, bis eine sämige Sauce entsteht.

3 Nun gibst du die Sauce in eine Pfanne, erhitzt sie kurz und hebst die abgegossenen Spaghetti unter, bis sich alles gut vermischt hat. E finito!

Vegan FRIENDLY

Eine tolle, erfrischende Pasta, die außerdem vegan ist. Mit »normaler« Crème fraîche geht's natürlich auch.

interpret eam.

GRIECHISCHER SALAT

À LA STEFANO

Für 2 Personen
ca. 40 Min.
+ 1 Std. Kühlzeit

- 4 große Tomaten
- 1 rote Paprikaschote
- 1 gelbe Paprikaschote
- 1 Gurke
- 2 Zwiebeln
- 50 g schwarze Oliven
- 50 g grüne Oliven
- 300 g Feta
- je 2–3 Zweige Thymian und Majoran

DRESSING

- 100 g Joghurt griechische Art
- 30 ml Milch
- 2 EL Olivenöl
- 2 Knoblauchzehen
- Saft von ½ Zitrone
- Salz
- Pfeffer

1 Wasche die Tomaten und die Paprikaschoten, entferne Strünke, Stiele und Kerne und schneide das Gemüse in kleine Stücke. Schäle die Gurke und die Zwiebeln und schneide sie ebenfalls klein. Gib alles mit den Oliven in eine große Salatschüssel.

2 Zerbrösele den Feta über dem Gemüse, zupfe die Thymian- und Majoranblättchen ab und streue sie über den Salat. Vermische alles gründlich.

3 Für das Dressing verrührst du Joghurt, Milch und Olivenöl in einer kleinen Schüssel. Schäle die Knoblauchzehen und drücke sie durch die Knoblauchpresse dazu. Gib den Zitronensaft hinzu und würze mit Salz und Pfeffer.

4 Vermische das Dressing gründlich mit dem Salat. Am besten lässt du ihn eine Stunde im Kühlschrank durchziehen, bevor du ihn genießt.

SUPERSUPER-
lecker!

Ich kann mich noch gut daran erinnern, als in unserem Dorf der erste Grieche eröffnet hat. Seitdem ich dort einen griechischen Salat gegessen habe, liebe ich diese Küche. Außerdem: Nach unserer Verlobung in Italien stand dieses Gericht bei mir auf dem Tisch.

RUCOLA-MANGO-SALAT

EXOTISCH-FRUCHTIG

Für 4 Personen
ca. 25 Min.

2 Mangos
2 Avocados
200 g Rucola
250 g Mini-Mozzarella
4 TL Pinienkerne

DRESSING

½ Orange
2 EL Olivenöl
2 EL weißer Balsamico
2 TL Ahornsirup
Salz
Pfeffer

1 Schäle die Mangos, entferne die Steine und schneide das Fruchtfleisch in kleine Würfel. Halbiere die Avocados, löse die Kerne heraus, entferne die Schale und schneide das Fruchtfleisch ebenfalls klein. Gib dann Mango- und Avocadowürfel in eine große Salatschüssel.

2 Nun wäschst du den Rucola, lässt ihn abtropfen und gibst ihn mit den Mini-Mozzarellakugeln ebenfalls in die Salatschüssel. Röste die Pinienkerne in einer kleinen Pfanne ohne Fett bei mittlerer Hitze kurz an und streue sie über den Salat.

3 Für das Dressing presst du die halbe Orange aus, verrührst den Saft in einer kleinen Schüssel mit Olivenöl, Balsamico und Ahornsirup und schmeckst das Ganze mit Salz und Pfeffer ab.

4 Gib das Dressing über den Salat, mische alles gründlich durch und lass den Salat ein paar Minuten ziehen, bevor du ihn servierst.

Freunde, nervt es euch auch so, eine Mango zu zerteilen? Die Steine gehen echt schwer raus, aber dafür gibt es einen coolen Hack: Schneide die Mango mit einem großen Messer rechts und links dicht am Stein vorbei durch. Das Fruchtfleisch der beiden Hälften schneidest du dann mit einem Küchenmesser längs und quer ein bis knapp über der Schale. Wenn du dann das Fruchtfleisch nach außen stülpst, kannst du bequem die kleinen Würfel von der Schale lösen – ohne großen Verlust.

BUNTER NUDELSALAT

KLASSIKER AUF ITALIENISCH

Für 4 Personen
ca. 30 Min.

500 g Farfalle
1 Gurke
400 g Kirschtomaten
1 rote Paprikaschote
1 gelbe Paprikaschote
2 Packungen Mini-Mozzarella (à 150 g)
1 große Handvoll Basilikumblätter

DRESSING

6 EL Balsamico
12 EL Olivenöl
Salz
Pfeffer

1 Koche die Pasta nach Packungsangabe, gieße sie ab und lass sie ein paar Minuten abkühlen. Gib sie dann in eine große Salatschüssel.

2 Schäle die Gurke und schneide sie klein, wasche die Kirschtomaten und teile sie in Hälften, wasche die Paprika, entferne Stiele und Kerne und schneide die Schoten ebenfalls in kleine Stücke. Gib das Gemüse mit den Mini-Mozzarellakugeln zu der Pasta in die Schüssel.

3 Verrühre für das Dressing alle Zutaten in einer kleinen Schüssel und gib die Sauce anschließend über den Salat. Vermenge alles sorgfältig, sodass Pasta und Gemüse genug Dressing abbekommen. Je länger du den Salat ziehen lässt – am besten im Kühlschrank – desto intensiver schmeckt er.

Ein Top-Gericht zum Mitnehmen für die Mittagspause oder ein Picknick: Wenn ihr es morgens vor der Arbeit oder sogar am Abend vorher vorbereitet, ist der Salat schön durchgezogen, wenn ihr ihn genießt.

UNGLAUBLICH BESONDERS

REZEPTE MIT WOW-EFFEKT

Okay, manchmal ist es ganz cool, andere mit den eigenen Kochkünsten zu beeindrucken – das heißt aber nicht, dass du dafür ewig in der Küche stehen musst. Mit ein paar Tricks machst du dir das Leben einfach und bekommst trotzdem ein unglaublich leckeres Essen!

PASTA-KUCHEN

AUFLAUF AUS DER KUCHENFORM

Für 4 Personen
ca. 40 Min.
+ 20 Min. Backzeit

500 g Rigatoni
700 ml Tomatensauce (oder passierte Tomaten)
250 g Sahne (z. B. Cremefine)
1 Packung Mini-Mozzarella (150 g)
200 g Reibekäse
getrocknete italienische Kräuter (z. B. Basilikum, Thymian)
Salz
Pfeffer

EXTRA

Springform (Ø 26 cm)

1 Heize den Backofen auf 180 °C Umluft vor. Koche die Rigatoni nach Packungsangabe, gieße sie ab und lass sie abkühlen, bis du sie anfassen kannst.

2 Bedecke den Boden der Springform mit etwa einem Drittel der Tomatensauce und gib einen Schuss Sahne dazu. Jetzt stellst du die Rigatoni senkrecht mit der Öffnung nach oben dicht an dicht in die Form. Achte darauf, dass sie besonders am Rand schön eng stehen.

3 Zerpflücke die Mini-Mozzarellakugeln und gib in jedes Pasta-Röhrchen ein wenig Mozzarella. Verteile außerdem die Hälfte des Reibekäses über der Pasta. Jetzt vermengst du die restliche Tomatensauce in einer Schüssel mit der restlichen Sahne, den getrockneten Kräutern, Salz und Pfeffer und gießt sie über die Rigatoni. Zum Schluss verteilst du den restlichen Reibekäse gleichmäßig auf der Oberfläche.

4 Backe den Pasta-Kuchen im Backofen etwa 20 Minuten, bis der Käse zerlaufen und schön goldbraun ist. Am besten schiebst du noch ein Backblech auf die unterste Schiene des Backofens, denn nicht alle Springformen sind hundertprozentig dicht – und den Ofen zu schrubben, darauf hat nun wirklich niemand Lust.

Pasta-Liebhaber aufgepasst: Das ist Next-Level-Pasta mit Tomatensauce und außerdem ein absoluter Hingucker. Ihr könnt auch andere Füllungen für die Rigatoni ausprobieren, zum Beispiel angebratenes Hackfleisch, vorgegartes Gemüse … Nehmt einfach, was ihr mögt und gerade im Haus habt.

BURGER-RING

MIT KNUSPRIGEM CROISSANT-TEIG

Für 2–3 Personen
ca. 15 Min.
+ 25 Min. Backzeit

2 Packungen Croissant-Teig (à 250 g; Kühlregal)
500 g Hackfleisch (Rind und Schwein gemischt oder veganes Hack)
Salz & Pfeffer
3–4 Tomaten
5–8 Gewürzgurken (nach Geschmack)
2 EL Tomatenketchup
1 EL Senf
2 EL Mayonnaise
1 Eigelb

EXTRA
ofenfeste Pfanne

1 Heize den Backofen auf 200 °C Umluft vor. Stelle eine Tasse umgedreht in die Mitte einer ofenfesten Pfanne. Teile den Croissant-Teig in die vorgegebenen Dreiecke und lege diese jeweils mit der breiten Seite nach innen um die Tasse herum in die Pfanne. Die Dreiecke sollen sich dabei überlappen.

2 Würze das Hackfleisch mit Salz und Pfeffer und verteile es auf den Teigplatten. Wasche die Tomaten, entferne den Strunk und schneide die Tomaten in kleine Würfel, ebenso die Gewürzgurken. Verteile beides auf dem Hackfleisch.

3 Verrühre Ketchup, Senf und Mayonnaise zu einer Sauce und gieße diese über die Hackfleischfüllung. Klappe die Ecken des Croissant-Teiges darüber, drücke alles gut fest und bestreiche den Teig mit dem verquirlten Eigelb, damit er später richtig schön glänzt.

4 Nimm die Tasse aus der Pfanne und backe den Burger-Ring etwa 25 Minuten im Ofen, bis der Teig goldbraun ist.

Der Burger-Ring ist supereinfach, hinterlässt aber einen richtig guten Eindruck. Das macht ihn perfekt für das Abendessen mit Freunden. 😉 Durch den Croissant-Teig schmeckt der Burger-Ring leicht süßlich und enthält so alle Geschmacksrichtungen, das macht es noch mal spannender. Super zum Wegsnacken.

UNGLAUBLICH *lecker!*

TIPP: Mach doppelt so viel von der Sauce und nimm dann die Hälfte für den Ring und die restliche Hälfte zum Dippen!

Baloo hat nicht nur einen besonderen Platz in meinem Herzen, sondern auch in meinem Kochbuch. Er begleitet mich eigentlich bei jedem Rezept in der Küche und erhofft sich, dass er am Ende ein Stück vom Essen abbekommt. Baloo hat schon bei einigen Videos Geschmackstester gespielt, aber in diesem Rezept soll es einzig und allein um ihn gehen. Da er, wie jeder andere Hund wahrscheinlich, Hundeknochen mag, haben wir dieses Rezept für ihn gemacht. Er LIEBT sie!

HUNDEKEKSE

FÜR BALOO

10 Min.
+ ca. 20–60 Min.
Backzeit

1 Bund Basilikum
300 g Kartoffelmehl
200 g körniger Frischkäse
2 Eier
1 TL Olivenöl

EXTRA
Silikonbackform für
kleine Hundeknochen

1 Als Erstes heizt du den Ofen auf 180 °C Ober-/Unterhitze (oder 160 °C Umluft) vor. Dann wäschst du den Basilikum. Gib ihn zusammen mit allen anderen Zutaten in eine Schüssel und püriere alles mit einem Mixer gut durch, sodass ein Teig entsteht, der ein bisschen an Pfannkuchenteig erinnert.

2 Nun füllst du den Teig in die Form. Wenn du keine Knochenförmchen hast, kannst du natürlich auch ein ganz normales Muffinblech benutzen. Gib die Form in den Ofen und achte genau auf die Backzeit, denn diese hängt von der Größe der Mulden ab. Es dauert ca. 20–60 Minuten. Am besten probierst du mit einem kleinen Zahnstocher, ob der Teig schon fertig ist.

*Das sind Hundekekse mit italienischer Note.
Baloo findet sie super, eure Hunde bestimmt auch!*

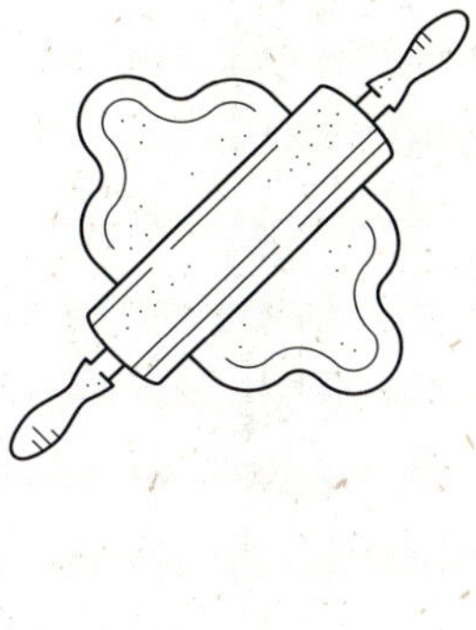

ITALIENISCHER DÖNER MIT MOZZARELLA

FAST-FOOD-KLASSIKER IN ITALIANO

Für 1 Döner
ca. 20 Min.
+ 15 Min. Backzeit

DÖNERTASCHE

105 g Mehl
40 g Joghurt
1 TL Backpulver
1 Prise Salz

FÜLLUNG

3–4 EL Pesto
½ Mozzarella, in Scheiben geschnitten
1 Tomate, in Scheiben geschnitten
¼ Zwiebel, in Ringe geschnitten
1 Handvoll Salat (oder Rucola)

1 Heize den Backofen auf 200 °C Umluft vor. Für die Dönertasche verknetest du alle Zutaten mit der Hand oder einem Handrührgerät zu einem geschmeidigen Teig. Belege ein Backblech mit Backpapier. Gib den Teig darauf und drücke ihn mit der Hand flach. Dann backst du ihn im Ofen etwa 15 Minuten. Wenn die Dönertasche fertig ist, nimmst du sie heraus und lässt sie kurz abkühlen.

2 Schneide die Dönertasche auf und bestreiche beide Innenseiten mit dem Pesto. Dann gibst du Mozzarella- und Tomatenscheiben und die Zwiebelringe hinein, toppst das Ganze mit den Salatblättern und ... *finito.*

Freunde, das ist mal eine Dönervariante! Mein geschmackliches Highlight ist das Pesto als Grundlage – würzig, saftig und mal was ganz anderes.

TIPP: Auch hier gilt: Probiert aus, was euch schmeckt. Super sind zum Beispiel auch leicht angebratene Auberginenscheiben statt der Zucchini. Und natürlich könnt ihr statt Hackfleisch auch veganes Hack verwenden.

LOW-CARB-ZUCCHINIROLLE

OMELETT VOM BACKBLECH

Für 2 Personen
ca. 30 Min.

1 kleine Zucchini
Salz
Pfeffer
4 Eier
40 g Reibekäse
250 g Hackfleisch (Rind und Schwein gemischt)
1 EL Tomatenmark

1 Belege ein Backblech mit Backpapier und heize den Backofen auf 180 °C Umluft vor. Die Zucchini schneidest du in Scheiben und verteilst diese so auf dem Backblech, dass sie nicht übereinanderliegen. Mit Salz und Pfeffer würzen. Verquirle die Eier in einer Schüssel, würze ebenfalls mit Salz und Pfeffer und gieße die Masse über die Zucchini. Nun streust du die Hälfte des Reibekäses darüber und schiebst das Blech für 20 Minuten in den Ofen.

2 In der Zwischenzeit brätst du das Hackfleisch ohne Fett in einer Pfanne bei starker Hitze an, bis es krümelig wird. Rühre das Tomatenmark unter und würze alles kräftig mit Salz und Pfeffer.

3 Nach 20 Minuten nimmst du das Backblech aus dem Ofen und verteilst auf dem Zucchini-Omelett zuerst das Hackfleisch, dann den Rest Reibekäse. Rolle das Omelett zu einer dicken Rolle auf und gib das Blech noch einmal kurz in den Ofen, bis der Käse leicht geschmolzen ist – FERTIG!

Sooo GUT!

Amici, dieses Rezept ist mega, wenn ihr mal ohne Kohlenhydrate auskommen wollt. Es sättigt gut und passt zu einer ausgewogenen Ernährung.

LACHS-PASTA

MIT ZITRONE UND DILL

Für 2 Personen
ca. 25 Min.

200 g Pasta
150 g Lachsfilet (frisch oder TK)
120 g Sahne (z. B. Cremefine)
Saft von 1 Zitrone
6 Stängel Dill
Salz
Pfeffer
1 Burrata (250 g)

1 Koche die Pasta nach Packungsangabe und gieße sie ab.

2 In der Zwischenzeit schneidest du den Lachs in mundgerechte Stücke. Gieße die Sahne in eine Pfanne und lass sie kurz aufkochen. Schalte dann den Herd auf mittlere Hitze und gib die Lachsstückchen und den Zitronensaft in die Sahne. Dann würzt du alles kräftig mit Dill, Salz und Pfeffer.

3 Hebe die fertige Pasta und die Burrata unter die Lachssauce, bis sich alles gut vermischt hat – das wird köstlich cremig!

UNGLAUBLICH einfach!

Dieses Gericht schmeckt in der beschriebenen Variante schon echt lecker. Aber wisst ihr was? Ihr könnt auch noch Erbsen, Spinat, grünen Spargel ... hinzufügen. Eben ganz nach dem Motto: Macht es, wie es euch gefällt. Sicher ist, dass es auf alle Fälle unglaublich lecker schmeckt.

PASTA IM OFENKÄSE

DAS EINFACHSTE IST OFT DAS BESTE

Für 1 Person
ca. 20 Min.

100 g Pasta (am besten Spaghetti)
1 Ofenkäse
1 Schuss Zitronensaft
Pfeffer
etwas Parmesan
(nach Geschmack)

1 Koche die Pasta nach Packungsangabe und gieße sie ab.

2 Während die Pasta kocht, bereitest du den Ofenkäse nach Packungsangabe zu. Stelle die Form am besten auf ein mit Backpapier belegtes Backblech, falls etwas überläuft. Kurz vor Ende der Garzeit holst du den Käse aus dem Ofen, teilst ihn in der Form in Viertel und hebst die Rinde so an, dass du sie über die Ränder der Form nach außen klappen kannst. Stelle den Käse noch einmal kurz in den Ofen, bis er am Rand leicht gebräunt ist.

Sooo EASY!

3 Stelle den fertigen Käse in seiner Form auf einen Teller, gib die fertige, noch warme Pasta hinein und vermische alles gut. Träufle etwas Zitronensaft darüber und würze mit Pfeffer. Wenn du magst, kannst du auch noch ein bisschen Parmesan darüberreiben. Määäächtig lecker.

Klassisch isst man den Ofenkäse ja mit Brot. Aber ich habe mir gedacht: »Warum das Ganze nicht einfach mal mit Pasta probieren?« Es ist eine Top-Kombi geworden!

Caesar Salad ist ein Klassiker auf vielen Speisekarten, beliebt wegen seiner Hauptzutat, dem extra knackigen Romanasalat, und dem typischen Topping mit Parmesan und Croûtons. Erfunden hat ihn übrigens in den 1920er-Jahren der Italo-Amerikaner Cesare Cardini, nach dem er auch benannt ist. Ergänzt um die Pasta ist dieser Salat meine megaleckere Variation des Originals.

PASTASALAT CAESAR

KLASSIKER IM REMIX

Für 2 Personen
ca. 45 Min.

300 g Pasta (am besten Farfalle)
3 EL Olivenöl
300 g Hähnchenbrustfilet
Salz
Pfeffer
Paprikapulver
100 g Taco-Chips
2 EL Semmelbrösel
1 Ei
2 Romana-Salatherzen
100 g getrocknete Tomaten (in Öl)

DRESSING

50 g Parmesan
100 g Aioli
100 g Joghurt
100 ml Milch
2 EL Zitronensaft
Salz & Pfeffer

ZUM GARNIEREN

50 g Parmesan, gehobelt
Croûtons (nach Geschmack)

1 Koche die Pasta nach Packungsangabe. Gieße sie dann ab, gib sie in eine große Salatschüssel und vermische sie mit 1 EL Olivenöl.

2 In der Zwischenzeit schneidest du das Hähnchenbrustfilet in Streifen und würzt es mit Salz, Pfeffer und Paprikapulver. Zerbrösele die Taco-Chips über einem Teller und vermische sie mit den Semmelbröseln. Verquirle das Ei in einer kleinen Schüssel. Wende das Hähnchenfleisch erst im Ei, dann in den Bröseln, sodass es rundum gleichmäßig paniert ist. Erhitze das restliche Öl (2 EL) in einer Pfanne und brate die Hähnchenstücke darin gleichmäßig von allen Seiten, bis sie goldbraun und durchgegart sind. Das dauert etwa 5 Minuten.

3 Putze und wasche die Salatherzen und schneide die Blätter in Streifen. Auch die getrockneten Tomaten schneidest du in dünne Streifen, dann gibst du Salat und Tomaten zur Pasta.

4 Für das Dressing brichst du den Parmesan in Bröckchen und gibst sie in den Mixer oder in ein hohes Gefäß, in dem du mit einem Pürierstab arbeiten kannst. Füge Aioli, Joghurt, Milch und Zitronensaft hinzu und mixe alles zu einer glatten Sauce. Mit Salz und Pfeffer würzen. Gieße die Hälfte des Dressings über die Salatzutaten und vermische alles.

5 Toppe den Salat mit gebratenen Hähnchenstreifen, gehobeltem Parmesan und so vielen Croûtons, wie du magst. Das restliche Dressing kannst du separat dazu reichen, sozusagen als Dip für das Fleisch.

LASAGNE À LA ZARRELLA

KLASSIKER FÜRS FAMILIENESSEN

Für 4–5 Personen
ca. 2 Std.
+ 35–40 Min. Backzeit

RAGÙ

1–2 Zwiebeln
3 Karotten
2 Stangen Staudensellerie
3–4 EL Olivenöl
500 g Hackfleisch (Rind)
500 ml passierte Tomaten
Basilikum (getrocknet)
Salz
Pfeffer

BÉCHAMEL-SAUCE

450 ml Milch
90 g Butter
50 g Mehl

AUSSERDEM

300 g Mozzarella
1 Packung Lasagneplatten (500 g)

1 Für das Ragù schälst du die Zwiebeln und Karotten und schneidest sie ebenso wie die Selleriestangen in kleine Stückchen. Erhitze das Olivenöl in einem großen Topf, dünste darin zuerst das Gemüse bei mittlerer Hitze an und gib danach das Hackfleisch dazu. Brate es kräftig an, bis es krümelig wird, gieße dann die passierten Tomaten dazu und würze alles mit Basilikum, Salz und Pfeffer. Lass die Sauce nun 1–2 Stunden auf kleiner Flamme mit geschlossenem Deckel köcheln – je länger sie kocht, desto aromatischer wird sie.

2 Für die Béchamel-Sauce lässt du die Milch in einem Topf aufkochen, dabei solltest du immer mal umrühren, damit sie nicht anbrennt. Nimm die Milch vom Herd. Lass die Butter in einem zweiten Topf schmelzen und gib dann unter Rühren das Mehl hinzu. Achtung: Das Mehl darf keine Farbe annehmen. Gieße nun nach und nach die warme Milch hinzu, dabei musst du ständig rühren, damit keine Klümpchen entstehen. Die Sauce wird jetzt immer dickflüssiger, lass sie kurz aufkochen, dann ist sie fertig.

3 Schneide die Hälfte des Mozzarellas (150 g) in dünne Scheiben und reibe die andere Hälfte. Heize den Backofen auf 200 °C Umluft vor. →

Mamma mia!

4 Wenn beide Saucen fertig sind, kannst du die Lasagne schichten: Beginne mit einer Schicht Ragù, gefolgt von etwas Béchamel-Sauce. Darauf legst du ein paar Lasagneplatten und gibst etwas geriebenen Mozzarella sowie einige Mozzarellascheiben darüber. Das wiederholst du so oft, bis alles aufgebraucht ist – nur ein paar Esslöffel vom geriebenen Mozzarella behältst du zurück. Die oberste Schicht soll nicht so viel Käse enthalten, damit er beim Backen nicht zu dunkel wird.

5 Backe die Lasagne 35 Minuten im Backofen. Dann holst du sie heraus und streust den restlichen geriebenen Mozzarella darüber. Gib das Ganze noch einmal für ein paar Minuten zurück in den Ofen, bis der Käse geschmolzen, aber nicht braun ist.

Diese Lasagne ist bei uns ein echter Familien-Hit, und sie musste einfach in dieses Buch. Wenn wir alle zusammenkommen, sonntags, an Feiertagen, steht sie so gut wie immer auf dem Tisch, alle lieben sie, besonders die Kinder natürlich. Oft ist sie auch der Auftakt zu einem »großen Essen« mit Fleisch oder Fisch als Hauptgericht, Nachtisch und allem Drum und Dran.

Pesto-Risotto

Mit Tomaten und Basilikum

Für 2 Personen
ca. 40 Min.

1 Zwiebel
1 Knoblauchzehe
400 ml Gemüsebrühe
1 EL Olivenöl
150 g Risotto-Reis
400 g Kirschtomaten
½ Bund Basilikum
2 EL Pesto
2 EL Parmesan, frisch gerieben
Salz
Pfeffer

1 Schäle die Zwiebel und den Knoblauch und schneide beides in kleine Würfel. Erhitze in einem Topf die Gemüsebrühe – sie soll aber nicht kochen. Gib das Öl in einen zweiten, größeren Topf und erwärme es bei mittlerer Hitze. Schwitze die Zwiebel- und Knoblauchwürfel darin an, gib dann den Reis dazu und rühre, bis die Reiskörner leicht glänzen.

2 Nun schöpfst du etwas von der heißen Brühe zum Reis und rührst, bis der Reis die Flüssigkeit aufgesogen hat. Das wiederholst du so lange, bis die Brühe vollständig aufgebraucht ist – und vergiss nicht, dabei sehr häufig umzurühren. Nach 15–20 Minuten sollte der Reis mit leichtem Biss gegart und das Risotto cremig sein.

3 Wasche während der Garzeit des Risottos die Tomaten und viertele sie. Hacke die Basilikumblättchen fein.

4 Mische Tomaten und Basilikum mit Pesto und Parmesan unter das fertige Risotto, schmecke mit Salz und Pfeffer ab – und dann kannst du es genießen.

Als ich das erste Mal mit einem Profikoch gekocht habe, gab es Risotto! Dank ihm weiß ich jetzt, welche drei Dinge für das perfekte Risotto unglaublich wichtig sind:
1. Speziellen Risotto-Reis verwenden und nicht Basmatireis oder etwas anderes.
2. Rühren, rühren, rühren – dadurch reiben die Reiskörner aneinander, und die Stärke löst sich. So wird das Risotto schön cremig.
3. Bei vielen Risotto-Rezepten kommt am Schluss Butter dazu, denn Fett ist ein wichtiger Geschmacksträger.

ITALIAN BURGER

FAST FOOD IN GRÜN-WEISS-ROT

Für 1 Burger
ca. 20 Min.

200 g Hackfleisch (Rind)
Salz
Pfeffer
1 EL Olivenöl
1 Burger-Bun
1 Portion Rucola
1 Handvoll Schnittlauch
(getrocknet)
½ Burrata
3–4 getrocknete Tomaten
(in Öl)
Crema di Balsamico
ein paar Basilikumblätter

1 Würze das Hackfleisch mit Salz und Pfeffer und forme es zu einem flachen Burger-Patty in der Größe deines Burger-Buns. Erwärme das Öl in einer Pfanne und brate den Burger-Patty bei mittlerer Hitze von beiden Seiten an.

2 Schneide den Burger-Bun auf und belege die untere Hälfte zuerst mit etwas Rucola und Schnittlauch. Darauf gibst du den Patty, toppst das Ganze mit der Burrata, so viel getrockneten Tomaten, wie du magst, einem guten Schuss Crema di Balsamico und dem frischen Basilikum. Dann setzt du das Oberteil vom Bun darauf.

Yummy!

3 Schließe die Augen und genieße!

Freunde, Burrata ist ja so schon ein mega Produkt, supercremig passt sie perfekt zum Charakter eines Burgers und gibt diesem geschmackliche Tiefe.

SALAT À LA HONIGMELONE

IN DER MELONE SERVIERT

Für 8 Personen
ca. 25 Min.

1 Honigmelone
1 Wassermelone
½ Bund Minze
eine Handvoll Basilikumblätter
1 Päckchen Feta (200–250 g)
3–4 EL Olivenöl
Salz
Pfeffer

1 Halbiere die beiden Melonen, höhle sie aus und schneide aus dem Fruchtfleisch kleine Würfel. Gib diese in eine große Schüssel.

2 Minze und Basilikum hackst du fein und gibst sie zu den Melonenstückchen. Bröckele den Feta in die Schüssel, gib Olivenöl, Salz und Pfeffer dazu und vermische alles gut.

3 Verteile den Salat gleichmäßig auf die Melonenhälften ... und fertig ist dein absoluter Hingucker.

FRISCHE-KICK!

Als Romina und ich uns verlobt haben, hat sie dieses Rezept zum ersten Mal gegessen und sich direkt verliebt. An heißen Sommertagen ist dieser Salat das perfekt erfrischende Lunch-Gericht. Um ihn noch erfrischender zu machen, empfehle ich dir, den Salat vor dem Servieren noch etwas im Kühlschrank ziehen zu lassen.

UNGLAUBLICH SÜSS

SÜSSES & DESSERTS

Ich bin ein absoluter Süß-Fan – es kann mir fast nicht süß genug sein. Und deswegen dürfen Desserts bei mir nicht fehlen. Egal ob klassische italienische Nachspeisen oder ein abgewandelter No-bake Cheesecake – irgendwas geht bei mir nach der Hauptspeise immer.

ZEBRA-CHEESECAKE

GESTREIFTER KUCHENGENUSS

Für 10 Stücke
ca. 15 Min.
+ 50–60 Min. Backzeit

600 g Skyr
5 Eier
Süße nach Wahl
(z. B. 60 g Zucker)
1 Päckchen Vanillepudding-pulver
1 EL Backkakao

EXTRA

Kastenkuchenform
(15 cm lang)

1 Heize den Ofen auf 150 °C Umluft vor. Gib alle Zutaten bis auf den Backkakao in eine Schüssel und verrühre sie mit dem Schneebesen oder dem elektrischen Handrührgerät sorgfältig zu einer gleichmäßigen Masse – ohne Klümpchen.

2 Gib die Hälfte der Masse in eine zweite Schüssel und rühre den Backkakao darunter.

3 Kleide die Kastenkuchenform mit Backpapier aus. Nun füllst du beide Teige abwechselnd vorsichtig Löffel für Löffel in die Form, immer einen Löffel hellen Teig etwas verlaufen lassen, dann einen Löffel dunklen Teig daraufsetzen und so weiter. So entsteht das coole Zebramuster.

4 Jetzt gibst du die Form in den Ofen und backst den Kuchen etwa 50–60 Minuten. Abkühlen lassen – und dann kannst du den Zebra-Cheesecake genießen.

Dieser Cheesecake war mein erster Cheesecake-Versuch. Ich erinnere mich noch gut daran, wie zufrieden ich mit dem Ergebnis war. Was bei der Zubereitung wichtig ist: Bleibt mittig beim Einfüllen der hellen und dunklen Masse und nutzt für die beiden Massen unterschiedliche Löffel!

TIPP: Bereite den Kuchen am Vortag zu und lass ihn über Nacht an einem kühlen Ort stehen, dann wird die Konsistenz noch besser. Ich benutze gerne verschiedene Süßungsmittel und nicht unbedingt Zucker. Süße deine Kuchen am besten nach Gefühl und so, wie es für dich richtig ist.

TIPP: Was wir normalerweise als »Kakaopulver« kennen, ist eine Pulvermischung für Trinkschokolade und enthält ziemlich viel Zucker. Zum Backen nimmst du besser Backkakao. Er enthält keinen Zucker und ist einfach purer Kakao.

NO-TELLA NO-BAKE CHEESECAKE

MIT SELBST GEMACHTER SCHOKOCREME

Für 12 Stücke
ca. 30 Min.
+ ca. 4 Std. Kühlzeit

BODEN

90 g Butter
250 g (Schoko-)Butterkekse

CREME

100 ml Mandelmilch
10 g Agar-Agar (für 500 ml Flüssigkeit)
120 g Sahne (z. B. Cremefine)
300 g Frischkäse
20 g Backkakao

TOPPING

1 Becher Schokopudding (150 g)

EXTRA

Springform (Ø 20 cm)

1 Für den Boden lässt du die Butter in einem kleinen Topf schmelzen. Die Kekse gibst du in den Mixer und mahlst sie zu feinen Bröseln. Die vermischst du mit der flüssigen Butter. Drücke nun die Masse fest auf den Boden einer Springform und stelle die Form dann in den Kühlschrank, während du die Füllung vorbereitest.

2 Für die Creme kochst du die Mandelmilch mit Agar-Agar 2 Minuten sprudelnd auf und stellst sie anschließend zur Seite. Schlage die Sahne steif und vermische sie vorsichtig mit Frischkäse und Kakaopulver. Anschließend die Mandelmilch-Agar-Agar-Mischung unterheben.

3 Die Schokocreme gibst du nun in die Springform auf den Keksboden und dann stellst du den Kuchen wieder im Kühlschrank kalt, bis die Creme schön fest ist. Am besten bereitest du den Kuchen am Vortag vor, denn das Festwerden dauert mindestens 4 Stunden.

4 Vor dem Servieren verteilst du noch den Schokopudding als Topping obendrüber – und finito!

Der einfachste SCHOKOKUCHEN, DEN ICH KENNE

TIPP: Keine Panik, wenn die Creme vom Topping ein wenig außen am Kuchen herunterläuft – das gibt eine tolle Optik!

NO-BAKE-KARAMELL-CHEESECAKE

SUPERKARAMELLIG IM GESCHMACK

Für 12 Stücke
ca. 30 Min.
+ ca. 4 Std. Kühlzeit

BODEN

90 g Butter
250 g Karamellkekse (z. B. Lotus Biscoff)

CREME

170 g Sahne (z. B. Cremefine)
10 g Agar-Agar (für 500 ml Flüssigkeit)
300 g Frischkäse
100 g Skyr
150 g Karamell-Brotaufstrich (cremig)

TOPPING

einige Karamellkekse (z. B. Lotus Biscoff), fein zerbröselt

EXTRA

Springform (Ø 20 cm)

1 Zuerst lässt du die Butter in einem kleinen Topf schmelzen. Für den Boden gibst du die Kekse in den Mixer und mahlst sie zu feinen Bröseln. Die vermischst du mit der flüssigen Butter. Drücke nun die Masse fest auf den Boden einer Springform und stelle die Form in den Kühlschrank, während du die Füllung vorbereitest.

2 Für die Creme schlägst du 120 g Sahne steif und stellst sie zur Seite. Koche nun die restlichen 50 g Sahne mit Agar-Agar 2 Minuten sprudelnd auf. Vermische Frischkäse, Skyr und die Hälfte des Brotaufstrichs (75 g). Füge die Agar-Agar-Sahne hinzu. Nun hebst du die geschlagene Sahne unter die Masse, bis sich alles gut verbunden hat.

3 Gib die Creme auf den Keksboden in die Springform und stelle den Kuchen in den Kühlschrank, bis die Creme fest geworden ist. Das dauert etwa 4 Stunden.

4 Gib vor dem Servieren die andere Hälfte des Brotaufstrichs (75 g) über den Kuchen. Ist der Brotaufstrich zu fest, erwärme ihn kurz im Wasserbad, denn so wird er flüssiger. Toppe zum Abschluss das Ganze mit den feinen Keksbröseln.

TIPP: Für eine echt coole Optik legt ihr noch ein paar Kiwischeiben auf das Topping!

NO-BAKE KIWI CAKE

SCHÖN GRÜN MIT KIWI

Für 12 Stücke
ca. 45 Min.
+ ca. 2 × 2 Std. Kühlzeit

BODEN

90 g Kokosöl
250 g Butterkekse

CREME

100 g Kiwis
150 g Sahne (z. B. Cremefine)
200 g Joghurt
100 g Frischkäse
50 g Erythrit (oder Zucker)
30 g Agartine
100 ml Milch

TOPPING

200 g Kiwis
15 g Agartine
2 EL Erythrit (oder Zucker)

EXTRA

Springform (Ø 20 cm)

1 Für den Boden verflüssigst du das Kokosöl bei geringer Hitze in einem Topf. Gib die Kekse in den Mixer, mahle sie zu feinen Bröseln und vermische sie mit dem Kokosöl. Drücke nun die Masse fest auf den Boden einer Springform und stelle die Form in den Kühlschrank, während du die Füllung vorbereitest.

2 Für die Füllung schälst du die Kiwis und pürierst sie im Mixer oder mit dem Pürierstab, bis du ein feines Mus ohne Stückchen hast. Achtung: Nicht zu lange pürieren, sonst wird das Kiwimus braun. Koche das Kiwimus ganz kurz in einem Topf auf (sonst wird die Füllung bitter).

3 Schlage die Sahne für die Füllung steif. Vermische sie mit Joghurt, Frischkäse und Erythrit. Löse die Agartine in der Milch auf, bringe sie zum Kochen, lass sie 2 Minuten köcheln und rühre sie dann unter die Käsemasse. Zum Schluss hebst du das Kiwimus unter und gibst alles auf den Bröselboden in der Springform. Damit der No-bake Cake fest wird, stellst du ihn dann für 2 Stunden in die Gefriertruhe oder ins Gefrierfach deines Kühlschranks.

4 Für das Topping schälst und pürierst du die Kiwis. Löse die Agartine und das Erythrit in 100 ml Wasser auf, bringe es zum Kochen, lass es 2 Minuten köcheln und rühre es dann unter die Kiwimasse. Verteile den grünen Guss auf dem Cheesecake. Stelle den Kuchen vor dem Servieren noch mindestens 2 Stunden im Kühlschrank kalt.

Freunde, ich liebe diese Mischung mit den säuerlichen Kiwis und dem feinen, frischen Milch-Käse-Geschmack der Füllung.

Dieser Kuchen war die erste brasilianische Süßigkeit, die ich von Jana Ina probiert habe. Es war tatsächlich auch das erste brasilianische Gericht, das ich überhaupt gegessen habe. Es war wirklich lecker und besonders die gezuckerte Kondensmilch hat mich sofort überzeugt. Den Kuchen hat Jana Ina mir auch schon ein paarmal zum Geburtstag gemacht, und ich freu mich immer riesig drüber!

VON Jana Ina

BRASILIANISCHER KOKOSKUCHEN VON SCHWÄGERIN JANA INA

SAFTIG UND SOOO SÜSS

Für ca. 12 Stücke
ca. 30 Min.
+ ca. 45–50 Min. Backzeit

3 Eier
200 g weiche Butter, plus etwas mehr für die Form
2 Kaffeetassen Zucker
2 Kaffeetassen Mehl, plus etwas mehr für die Form
1 Päckchen Backpulver
1 Prise Salz
250–300 g Kokosmilch
50 g Kokosraspel, plus 2 EL zum Bestreuen
½ Dose gezuckerte Kondensmilch (ca. 200 g)

EXTRA

Napfkuchenform (geht auch mit einer Springform)

1 Fette zuerst die Backform mit etwas Butter ein und stäube sie mit ein bisschen Mehl aus, sodass der Kuchen sich später gut aus der Form löst. Heize den Backofen auf 180 °C Ober-/Unterhitze vor.

2 Trenne die Eier. Die Eigelbe stellst du kurz zur Seite. Schlage die Eiweiße mit dem Handrührgerät steif und stelle sie auch zur Seite.

3 Nun gibst du Butter und Zucker in eine große Schüssel und verquirlst sie mit dem Handrührgerät zu einer cremigen Masse. Gib die Eigelbe hinzu und rühr sie unter.

4 Jetzt kommen Mehl, Backpulver, Salz, Kokosmilch und 50 g Kokosraspel dazu. Verrühre alles gut, sodass ein glatter Teig entsteht. Zum Schluss hebst du das geschlagene Eiweiß vorsichtig mit einem Teigschaber unter.

5 Jetzt ab damit in den Ofen. Nach 45–50 Minuten prüfst du, ob der Kuchen schon gar ist. Dazu stichst du mit einem Holzstäbchen hinein. Wenn beim Rausziehen noch Teig daran klebt, braucht der Kuchen noch ein paar Minuten.

6 Wenn der Kuchen gar ist, nimmst du ihn heraus und lässt ihn 10 Minuten abkühlen. Dann stürzt du ihn vorsichtig aus der Form. Mit einer Gabel mehrfach einstechen, mit der Kondensmilch beträufeln, die restlichen Kokosraspel darüberstreuen – und … fertig!

ERDBEER-TIRAMISU

DER KLASSIKER MAL IN WEISS UND ROT

Für 4 Personen
ca. 30 Min.
ca. 1 Std. Kühlzeit

500 g Erdbeeren
250 g Mascarpone
250 g Magerquark
Süße nach Wahl (z. B. 20 g Zucker)
50 g Kokosraspel
2–3 EL weiße Schokodrops
1 TL Zitronensaft (nach Geschmack)
1 TL Limettensaft (nach Geschmack)
15 Löffelbiskuits

TOPPING

5–6 ganze Erdbeeren

1 Wasche und putze die Erdbeeren und püriere sie im Mixer oder in einem hohen Gefäß mit dem Pürierstab. Gib das Erdbeermus in eine flache Schale.

2 Rühre Mascarpone und Magerquark in einer Schüssel glatt und vermische die Masse mit der Süße deiner Wahl, Kokosraspeln und den weißen Schokodrops. Für extra Frische gibst du noch 1 TL Zitronen- und Limettensaft hinzu und rührst alles noch einmal durch.

3 Jetzt kannst du schon mit dem Schichten beginnen: Tunke die Hälfte der Löffelbiskuits rundum in das Erdbeerpüree und lege sie in eine flache Schale oder Auflaufform. Streiche die Hälfte der Creme darüber und wiederhole das Ganze noch einmal. Auf die oberste Cremeschicht kannst du dann den Rest des Erdbeerpürees und ein paar ganze Erdbeeren als Topping geben – fertig! Wenn du Zeit hast, stell das Tiramisu noch für etwa 1 Stunde zum Durchziehen in den Kühlschrank.

Dieses Tiramisu ist für mich etwas Besonderes, weil es mein erstes Rezept war, das im Fernsehen gezeigt wurde, im ZDF-Fernsehgarten. Mit meinem Papa mache ich oft Tiramisu, und wir wandeln es gern ab. An Weihnachten machen wir gerne Tiramisu mit Spekulatius, aber dieses Erdbeer-Tiramisu passt einfach perfekt in den Sommer. Lustigerweise ist dieses Dessert in Italien gar nicht so beliebt und gängig wie in Deutschland – unglaublich eigentlich.

SCHOKO-CROSTATA

MIT KNUSPRIGEM MÜRBETEIG

Ergibt 12 Stücke
ca. 15 Min.
+ 30 Min. Kühlzeit
+ 40 Min. Backzeit

400 g Mehl
2 Eier
1 Päckchen Vanillezucker
1 Päckchen Backpulver
150 g Zucker (oder Erythrit)
200 g weiche Butter
Schokoaufstrich (ca. 300 g, aber eigentlich so viel du möchtest)

EXTRA

Tarteform (Ø 24 cm)

1 Verknete alle Zutaten bis auf den Schokoaufstrich mit den Knethaken des Handrührgeräts oder mit der Hand zu einem glatten Mürbeteig. Dann formst du den Teig zu einer Kugel, wickelst ihn in Frischhaltefolie und legst ihn für 30 Minuten in den Kühlschrank.

2 Heize den Backofen auf 160 °C Ober-/Unterhitze vor. Jetzt rollst du zwei Drittel des Teiges rund aus, etwas größer als der Durchmesser deiner Tarteform. Gib den Teig in die Form und achte darauf, dass er Boden und Rand bedeckt. Wenn es noch nicht ganz reicht, drückst du ihn mit der Hand noch etwas am Rand hoch. Steche den Teig ein paarmal am Boden mit einer Gabel vorsichtig ein. Verteile so viel Schokoaufstrich, wie du magst, auf dem Teigboden. Ist der Schokoaufstrich noch zu feste zum Verstreichen, erwärme ihn kurz im Wasserbad, so wird er flüssiger. Den restlichen Teig rollst du ebenfalls aus und schneidest ihn in schmale Streifen. Die verteilst du dekorativ über Kreuz auf der Schoki und drückst sie am Teigrand fest.

3 Jetzt kommt die Crostata 40 Minuten in den Backofen. Lass den Kuchen lieber etwas kürzer als zu lang im Ofen, dann geht der Teig nicht zu sehr auf. Er sollte schön hellbraun sein.

Freunde, wie ihr euch bestimmt vorstellen könnt, ist das hier das absolute Lieblingsrezept meiner Nichten und Neffen! Es stammt übrigens von meiner Mama. Als wir Kinder waren, hat sie uns damit immer eine richtige Freude gemacht. Typisch für die Crostata ist der Mürbeteig, die Füllungen kann man immer neu variieren, zum Beispiel mit Obst.

PANNA COTTA

SAHNE, SAHNE, NOCH MEHR SAHNE!

Für 4 Personen
ca. 45 Min.
+ mind. 3–4 Std. Kühlzeit

1 Vanilleschote
450 g Sahne (z. B. Cremefine)
60 g Zucker
1 Prise Salz
2 TL Agar-Agar
1 TL Speisestärke

ZUM GARNIEREN

150 g Beeren (frisch oder TK)

EXTRA

kleine Puddingschüsseln (oder Muffinformen oder kleine Gläser)

1 Halbiere die Vanilleschote der Länge nach und kratze das schwarze Mark heraus. Gib die Schote und das Mark mit Sahne, Zucker und 1 Prise Salz in einen Topf, rühre kurz um und lass alles einmal kurz aufkochen. Nimm den Topf vom Herd, leg einen Deckel auf und lass die Vanillesahne 30 Minuten durchziehen.

2 Nach 30 Minuten nimmst du die Vanilleschote aus der Sahne. Du vermischst Agar-Agar und Speisestärke in einer kleinen Schüssel und rührst die Mischung mit dem Schneebesen in die Vanillesahne. Dann bringst du die Mischung bei mittlerer Hitze zum Kochen. Rühre immer wieder um, aber nur mit einem Kochlöffel – mit dem Schneebesen würdest du zu viel Luft unter die Sahne schlagen. Lass die Vanillesahne 2 Minuten köcheln und rühre dabei die ganze Zeit langsam um.

3 Jetzt gießt du die Vanillesahne in kleine Pudding- oder Muffinförmchen, lässt sie auf Raumtemperatur abkühlen und stellst sie anschließend für mindestens 3 Stunden in den Kühlschrank, damit die Panna cotta fest wird. Kurz vor dem Servieren verzierst du sie mit frischen Beeren, das sieht nicht nur toll aus, sondern gibt dem süßen Dessert auch einen tollen säuerlichen Kick.

»Panna cotta« heißt auf Italienisch ganz einfach »gekochte Sahne« – damit ist eigentlich schon alles gesagt, oder? Denn Sahne ist ja immer gut …

CANTUCCINI

MIT KNACKIGEN MANDELN

Für ca. 20 Stück
ca. 45 Min.
+ 30 Min. Kühlzeit
+ 45 Min. Backzeit

1 Bio-Zitrone
350 g blanchierte Mandeln
500 g Mehl
1 Päckchen Backpulver
1 Prise Salz
4 Eier
350 g Zucker
1 Päckchen Vanillezucker
1 EL gemahlener Anis
etwas Sonnenblumenöl für das Backblech

ZUM BESTREICHEN

1 Ei
50 g Zucker

1 Wasche die Zitrone, reibe die Schale fein ab und stelle sie beiseite. Die Mandeln röstest du bei mittlerer Hitze in einer beschichteten Pfanne ohne Fett kurz an. Dann hackst du sie in grobe Stücke.

2 Für den Teig gibst du Mehl, Backpulver, Salz, Eier und Zucker in eine Schüssel und vermengst alles mit den Händen oder dem Handrührgerät, bis der Teig keine Klumpen mehr hat. Gib dann die Zitronenschale, Vanillezucker, Anis und die Mandeln hinzu und vermische alles noch einmal gründlich.

3 Heize den Backofen auf 160 °C Ober-/Unterhitze vor. In der Zwischenzeit formst du aus dem Teig zwei Rollen von etwa 4 cm Durchmesser. Fette das Backblech mit etwas Öl ein und lege die Teigrollen mit Abstand darauf.

4 Nun bestreichst du den Teig. Dazu verquirlst du das Ei mit dem Zucker und verstreichst es auf den beiden Teigrollen. Und ab damit in den heißen Ofen. Nach etwa 30 Minuten sollten die beiden Rollen goldgelb sein.

5 Nun nimmst du die Teigrollen aus dem Ofen und lässt sie abkühlen. Die komplett ausgekühlten Rollen schneidest du in fingerdicke Stücke und backst sie weitere 15 Minuten im Ofen bei 160 °C Ober-/Unterhitze.

Das zweite Backen sorgt für den typisch mürben Biss und eine längere Haltbarkeit der Cantuccini. In Italien tunkt man das Gebäck gerne in den süßen Dessertwein Vin Santo – megalecker, fruchtig-süß und dazu die knackigen Mandeln, perfetto! Ich tunke sie übrigens gerne in meinen Cappuccino. 😉

NEWS

CHURROS

ABSTECHER NACH SPANIEN

Für 4 Personen
ca. 45 Min.

80 g Butter
60 g Zucker
1 Prise Salz
230 g Mehl
3 Eier
Öl zum Ausbacken

ZUM GARNIEREN

2–3 EL Zucker, vermischt mit
Zimt nach Geschmack

EXTRA

Spritzbeutel

1 Gib die Butter und 280 ml Wasser in einen Topf und erhitze die Mischung, bis die Butter geschmolzen ist. Dann rührst du Zucker und 1 Prise Salz ein und gibst langsam und unter ständigem Rühren das Mehl hinzu. Der Teig sollte glatt und glänzend sein und sich gut vom Topfboden lösen. Pass auf, dass er nicht anbrennt – auch wenn diese Zubereitungsart tatsächlich »Brandteig« heißt, muss man das ja nicht zu wörtlich nehmen. 😉

2 Nun füllst du den Teig aus dem Topf in eine Rührschüssel um, gibst die Eier hinzu und verknetest alles mit den Händen oder den Knethaken des Handrührgeräts. Die klebrige Masse füllst du dann in einen Spritzbeutel.

3 Gib etwa 2 cm hoch Öl in eine tiefe Pfanne und spritze die Churros in der gewünschten Länge direkt aus dem Spritzbeutel hinein. Achtung, das Öl ist richtig heiß! Backe die Churros aus, bis sie goldgelb sind. Dann nimmst du sie heraus und legst sie kurz auf ein Küchenpapier, damit überschüssiges Fett abtropfen kann. Die warmen Churros wälzt du in der Zimt-Zucker-Mischung. Am besten schmecken sie, wenn ihr sie sofort esst!

Wow, Freunde, an Churros habe ich mich zuerst nicht rangetraut, aber zusammen mit Mama hat es geklappt. Mein Dip-Tipp: Schokocreme oder warme Schokosauce sind der Hit dazu!

TIPP: Die Konsistenz ist bei Churros etwas tricky. Falls der Teig zu flüssig ist, dann gib noch etwas Mehl dazu.

EAM SALUTAT
Ea hinc sale

SCHOKOLADEN-PIZZA

PIZZA GEHT IMMER – AUCH ALS SÜSSE VARIANTE

Für 6 Personen
ca. 20 Min.
+ mind. 7–10 Std. (oder über Nacht) Ruhezeit
+ 10 Min. Backzeit

TEIG

⅓ Würfel Hefe (ca. 15 g)
1 EL Zucker
380 g Weizenmehl (Type 405; oder original Pizzamehl, Tipo 0)
200 ml Olivenöl
1 EL Salz

BELAG

Schokoladenaufstrich nach Wahl
Früchte nach Wahl (z. B. Bananen, Himbeeren, Blaubeeren ...)

1 Löse die Hefe mit dem Zucker in 220 ml lauwarmem Wasser auf. Gib Mehl, Olivenöl und Salz hinzu und verarbeite alles zu einem geschmeidigen Teig. Am besten nimmst du zuerst die Küchenmaschine oder das elektrische Handrührgerät mit Knethaken und knetest 5–7 Minuten. Danach bearbeitest du den Teig noch mal mit der Hand, bis er geschmeidig ist.

2 Gib den Teig in eine große Schüssel, decke sie mit einem Handtuch ab und lass den Teig an einem warmen Ort aufgehen, bis er sein Volumen verdoppelt hat. Das dauert mindestens 7–10 Stunden, am besten ist es, wenn du den Teig über Nacht gehen lässt.

3 Heize den Backofen auf 240 °C Ober-/Unterhitze vor. Teile den Teig in sechs gleich große Stücke und rolle diese rund aus. Bestreiche sie mit Schokoaufstrich und verteile die Früchte darauf. Empfindlicheres Obst wie Erdbeeren oder Kiwis am besten als Frische-Kick erst nach dem Backen auf die Pizza geben. Jetzt backst du die Schoko-Pizza 10 Minuten im Ofen – am besten schmeckt sie natürlich noch heiß!

Die Schokoladen-Pizza habe ich zusammen mit meinem Papa ausprobiert, der war auch ganz begeistert. Eine lustige Kindheitserinnerung: Mein Cousin und ich haben mal fertige Pizzateige als Frühstückstoast genommen, also nur den Pizzaboden gebacken und dann mit Schokoaufstrich bestrichen – megalecker.

Pistazien-Eis ist Rominas Lieblingssorte, deshalb mache ich es natürlich immer gern für sie. Mit Eis und Rom verbinde ich immer auch unsere Verlobung und damit einen wunderschönen Moment!

MIT Romina

PISTAZIEN-EIS
MIT AMO ROMINA

SUPEREASY UND MEGALECKER

Für 4 Personen
ca. 15 Min.
+ ca. 5 Std. Kühlzeit

400 g gezuckerte Kondensmilch
50 g Pistazienmus
500 g Sahne (z. B. Cremefine)

ZUM GARNIEREN

1 EL gehackte Pistazienkerne

1 Verrühre die Kondensmilch in einer großen Schüssel mit dem Pistazienmus. Schlage die Sahne in einer zweiten Schüssel steif und hebe sie unter die Pistazienmasse.

2 Gib die Eismasse in ein gefriergeeignetes Gefäß (z. B. eine große Plastikdose mit Deckel) und lass sie im Gefrierfach etwa 5 Stunden durchfrieren. Am besten alle halbe Stunde durchrühren, dann wird's schön cremig. Zum Servieren mit gehackten Pistazien bestreuen.

ZITRONENEIS

HERRLICH ERFRISCHENDER HINGUCKER

Für 4 Personen
ca. 30 Min.
+ ca. 2 Std. Gefrierzeit

2 Bio-Zitronen
120 g Sahne (z. B. Cremefine)
Süße nach Wahl
(z. B. 150 g Zucker)
60 g Magerquark

1 Zuerst halbierst du die Zitronen längs oder quer, wie es dir gefällt – später servierst du das Eis aus den Schalenhälften. Jetzt löst du das Fruchtfleisch über einer Schüssel heraus und fängst dabei den Zitronensaft auf. Die ausgehöhlten Zitronenhälften legst du zum Vorkühlen schon mal ins Gefrierfach. Das Fruchtfleisch drückst in einem Sieb fest aus, damit du noch mehr Zitronensaft bekommst.

2 Schlage die Sahne steif und verrühre sie mit deiner Süße nach Wahl, Magerquark und Zitronensaft. Verteile die Creme auf die Zitronenhälften und gib diese noch mal für etwa 2 Stunden ins Gefrierfach. Eiskalt genießen!

Für dieses Rezept nimmst du am besten unbehandelte Bio-Zitronen, deren Schale keine schädlichen Rückstände aufweist.

TIPP: Einen extra Frische-Kick verschafft euch dieses Topping: Reibe die Schale von einer zusätzlichen Bio-Zitrone ab und streue sie über das fertige Eis.

SCHOKOLADENEIS

FÜR SCHOKO-JUNKIES GENAU DAS RICHTIGE

Für 6 Personen
ca. 30 Min.
+ mind. 12 Std. Kühlzeit

150 ml Milch
300 g Schokolade (Vollmilch oder Zartbitter)
750 g Sahne (z. B. Cremefine)
50 g Schokoladenraspel (Vollmilch oder Zartbitter)

1 Koche die Milch auf und lass sie dann kurz abkühlen. In der Zwischenzeit hackst du die Schokolade in grobe Stückchen. Wenn die Milch etwas abgekühlt ist (sie darf nicht mehr kochend heiß sein, weil die Schokolade sonst krümelig wird), gibst du die Schokoladenstückchen hinein. Immer schön umrühren, bis die Stückchen geschmolzen sind.

2 Schlage die Sahne auf, bis sie richtig steif ist, und hebe sie vorsichtig unter die Schokoladenmilch. Die Masse gießt du dann in ein Gefäß, das du in den Gefrierschrank stellen kannst, z. B. eine Glasschüssel oder eine Gefrierdose aus Plastik. Oben drüber kommen die Schokoladenraspel.

3 Lass das Eis am besten über Nacht im Tiefkühler gefrieren. Dabei musst du es während der ersten Stunden mehrmals mit einer Gabel durchrühren, um große Eiskristalle zu vermeiden. Nur so wird das Eis schön cremig. Für noch mehr Schmelz lässt du das Eis vor dem Servieren 10 Minuten antauen.

Laut einer Abstimmung auf Instagram seid ihr absolute Schokoladeneis-Liebhaber! Damit war es klar, dass dieses Rezept hier reinmusste. Außerdem erinnert mich Schokoladeneis an meine Tante Italia. Sie hat mir diese Sorte immer aus ihrer Eisdiele mitgebracht.

SMARTIES-EIS

MIT NUR VIER ZUTATEN SCHNELL FERTIG

Für 2 Personen
ca. 10 Min.
+ 3–4 Std. Kühlzeit

250 g Sahne (z. B. Cremefine)
Süße nach Wahl
(z. B. 100 g Zucker)
1 Becher Schokoladen-Pudding (150 g)
30 g Smarties

1 Schlage die Sahne mit dem Süßungsmittel steif und gib sie in ein Gefäß, das fürs Gefrierfach geeignet ist, z. B. eine Glasschüssel oder eine Gefrierdose aus Plastik.

2 Rühre den Schokopudding so mit einer Gabel unter die Sahne, dass ein marmoriertes Muster entsteht. Verteile die Smarties obendrauf und ab mit der Schüssel ins Gefrierfach!

3 Nach 3–4 Stunden kannst du dein cremiges Eis genießen.

Dieses Eis steckt für mich voller Kindheitserinnerungen: süß, cremig, bunt und immer ein Riesenspaß – bis heute!

mamma mia

DANKE

Ein großer Dank geht an meine Mama! Du hast mich zum Kochen gebracht und ich bin dankbar und beeindruckt, wie du schon immer für die Familie gekocht hast. Ich hätte nie gedacht, dass deine Leidenschaft und Küche einen solchen Einfluss auf mich haben werden, sodass sich mein ganzes Leben verändert. Jetzt habe ich ein eigenes Kochbuch, auch mit deinen Rezepten, das macht mich wahnsinnig stolz. Danke Papa, dass du immer für mich da bist. Ich finde es so schön, dass wir unsere Leidenschaft, das Essen, miteinander teilen. Danke für alles!

Ich danke meinen Geschwistern, meinem Bruder und meiner Schwester, die an mich geglaubt haben und nun auch Teil von diesem ganz besonderen Buch geworden sind.

Danke Romina! Du hast damals zu mir gesagt, dass ich die Videos posten soll, du hast geglaubt, dass sie funktionieren werden. Du bist Fan der ersten Stunde – und ich deiner!

Vielen Dank auch an Heike für die wundervollen Fotos und die schönen Tage bei dir im Studio!

Und zu guter Letzt – denn ihr habt einen besonderen Platz verdient: meine Community! Ihr habt mich über Monate bei der Entstehung begleitet und wartet schon so lange auf dieses Buch. Nun haltet ihr es endlich in den Händen, mein erstes Kochbuch, das für immer einen ganz besonderen Platz in meinem Herzen haben wird.

Ihr seid ein großer Teil davon! Ich danke euch von Herzen für eure Unterstützung. Ich habe all meine Leidenschaft in dieses Buch gesteckt – und jetzt geht es raus an euch. Ohne euch würde es dieses Kochbuch nicht geben – ich bin unfassbar dankbar!

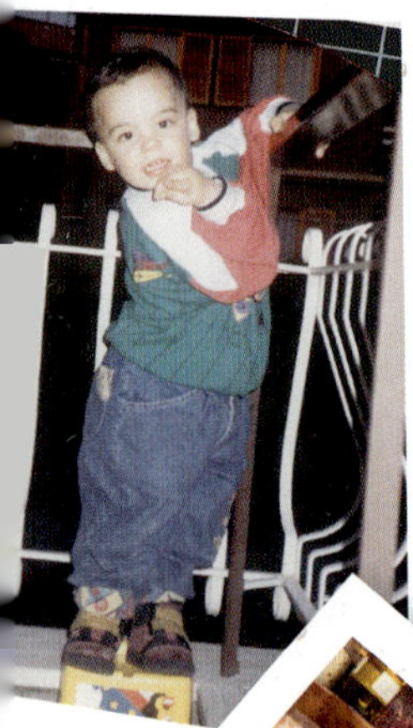

HINTER DEN KULISSEN

Pizza-Schnitte „Bruno"
DM
PIZZERIA SCHWANEN
SALATA MISTA